デカルト

「われ思う」のは誰か

斎藤慶典

講談社学術文庫

目次

凡例

・デカルトからの引用は、以下の略号と訳書の頁付けで表示する。参照の便宜のため、学術文庫版では、左に併記した最新の文庫版の該当する頁数を「／」のあとに示した。

D：『方法叙説』三宅徳嘉・小池健男訳、白水社（イデー選書）、一九九一年。／『方法叙説』小泉義之訳、講談社（講談社学術文庫）、二〇二二年。

M：『省察』所雄章訳、白水社（イデー選書）、一九九一年。＊『方法叙説』と『省察』は一冊に収められている／『省察』山田弘明訳、筑摩書房（ちくま学芸文庫）、二〇〇九年。

P：『哲学原理』桂寿一訳、岩波書店（岩波文庫）、一九六四年。／『哲学原理』山田弘明・吉田健太郎・久保田進一・岩佐宣明訳、筑摩書房（ちくま学芸文庫）、二〇〇九年。

・訳文は、本書の文脈に合わせて若干変更したものが多いことをお断りしておく。また、引用文中の〔　〕でくくった部分は引用者による補足であるが、本書では読みやすさを優先したため、必ずしもすべての補足を明示していない。

デカルト

「われ思う」のは誰か

序章　哲学とは何か

デカルトの肖像（1648年）

1　死んだものとの対話

対話と挨拶

本書で私が皆さんに示してみたいのは、デカルトと私が交わしたある対話の記録である。そのように言うと、早速怪しむ人がいるかもしれない。「対話」とはその本来の意味では二人の生きた人間同士の間でしか成り立たないものであって、とうの昔に亡くなったデカルトとの「対話」など一種の擬似《えせ》対話にすぎないではないか、と。ところが、そうではないのだ。対話は、(たまたま)生きた人間同士の間で成り立つこともありはするが、その本質においてはむしろ死んだ者との間にこそ成り立つ。いや正確には、対話は「死んだ者との間に」**しか**成り立たない。どういうことか。ことは哲学の、つまりは思考の本質に関わるので、はじめにこの点をはっきりさせておこう。

対話とは、あなたと私の間で何ごとかをめぐって、何ごとかについて、交わされるはずである。対話はある主題をめぐって、あなたと私の間で交わされる。つまり、主題のない対話はありえない。もちろん、そこで話されている内容(主題)などどうでもよくて、ただただお喋《しゃべ》りが続くことが肝心であるような対話も(いくらでも)存在する。私たちの日常においては、むしろこちらの方が数からすれば圧倒的に多いと言ってもよい。この手の「お喋り」

ではその主題は二の次で、大事なのはあなたと私がそこで何がしかの時間を共有することである。そのようにして私とあなたが互いに他方を受容し、他方に受容されることが肝要なのだ。この意味で、この種の「お喋り」は挨拶に似ている。いや、それは本質的に挨拶なのである。

対話に原理的に先行し、対話の空間がそれを通して開かれる「挨拶」の重要性は言うまでもない。そして挨拶もまた、必ずしも生きた人間同士の間でのみ交わされるものではない。それは（それが私の挨拶であるかぎりで）、私がすでに受け容れてしまっているにもかかわらず私の手が決してそこには及ぶことのないものに対して、つまり私が決して所有しえないものに対して差し出す敬意のごときもの、はたして聴き届けられるかどうか定かでないままに捧げられる祈りのごときものなのだ。これに対して私が他者から受け取る挨拶は、何ものかによって私の存在が受容されたことを告知する。このように挨拶は、それを私が**する**場合と**される**場合とで、「受容」の内実がまったく異なる営みなのである。だがこうした点は、本書がデカルトとの対話を積み重ねた後にはじめて明らかになるだろう。

今ここで明確にしておきたいのは、そのような挨拶を通して開かれた対話とはどのような営みなのか、である。もしそれがもはや単なる挨拶ではなく、そこからさらに一歩進んだ独自の営みなのだとすれば、それは必ず「何か」をめぐってのものであった。対話には必ず主題があるのだった。これはすなわち、対話の主役は今や主題の方であって、私でもあなたでもないということである（これに対して挨拶の主役はあくまで、自らを何らかの仕方で他者へと差し出す私であり、その宛て先であるあなたである）。もちろんその主題が、あなたや私が何を言いたいのか、何を欲しているのか、何を生業《なりわい》としているのか……といったことである場合もあるだろう。しかし、その時にも主役は主題となったかぎりでのあなたや私の「何か」（あなたや私がどんな「人物」であるかを示す「何」）であって、挨拶をするという仕方で身を差し出し／差し出されている私やあなたではない。

そして主題とは、何らかの仕方で「かたち」あるものとして具体化されて、あなたと私の前に姿を現わしたもの以外ではないであろう。今「何らかの仕方で」と言ったのは、たとえば私とセザンヌが目の前のタブローを主題として対話を交わすといったこともありうるからである。私とモーツァルトが今ここで鳴り響く音響を主題として対話を交わすこともありうるからである。つまり、対話において主題を形成するものの媒体は、色やかたちや音響や味わいや手触りや……とさまざまなものでありうる。そして私とデカルト、あるいは読者であるあなたと私との間で交わされる対話の媒体は、言うまでもなく言語である。この場合の言語は、文字として見て取られる「書き言葉（エクリチュール）」であるが、あなたと私が面と向かって対話を交わす時のそれは、音声として聴き取られる「話し言葉（パロール）」であることが多いだろう。

だが「書き言葉」と「話し言葉」の区別はそれほど決定的なものではない。たとえば私が耳の聞こえないあなたと面と向かって交わす対話の媒体は、(音声ではなく)手話や筆談といった目に見える形態である。私が目に見えないあなたに向けて差し出す書物は、点字という手で触れられるもので「書かれて」いたり、朗読という聴き取れる音声で「書かれて」いたりするだろう。また通常の場合、「書き言葉」はそれが読まれる時、書き手はそこに居合わせていないのに対して、「話し言葉」はそれが聴き取られる時、話し手がそこに居合わせているという、決定的な違いがある。だが、対話は死者との間にこそ成り立つと考える本書にとって、対話の相手がそこに居合わせているか否かは二次的なことにすぎない。相手が居合わせていることが、かえって対話の妨げになることすらあるのだ。だがこの点については、すぐ後であらためて述べる。ここで重要なのは、主題とは何らかの仕方で他のものから区別されて自分自身を指し示す固有の「輪郭」をもったもの、この意味での「かたち」あるものだということ、そしてこの「輪郭」がその上にしるされる媒体は多様なものでありうるという点である。

主題と死

もう一つはっきりさせておきたいことがある。主題を構成する媒体が何であれ、主題はそれがひとたび構成された時には、それを構成する者から原理的に切り離されたものだ、という点である。作者がすでに亡くなっている芸術作品や著書の場合これは誰の目にも明らかだが、作者が現に目の前で語っている場合であっても、あるいは作者が自分自身であっても、事情はまったく変わらない。だからこそ話者であるあなたや私は、自分が間違ったことを言ってしまったことや、言いたいことがうまく表現されていないことに気づくことができるのである。自分の言ったことが主題として「かたち」を備えて目の前にあるから、すなわち自分自身と切り離されて自分の前に具体化されているから、それが自分の言いたいことであるか否かを判定できるのだ。いやそもそも私は、自分から切り離されて具体化され、「かたち」を備えて目の前にある主題を通して**はじめて**、自分が何を語ろうとしたのかを知るのである。それ以前にあるのは、主題を「かたち」づくることへ向けてのある漠とした衝動のごときものにすぎない。

主題を「かたち」づくるこの働きが紛れもなく「生き生きと」活動するものであることと対比すれば、主題として「かたち」づくられたものの方は、その活動からその都度切り離されたものとして本質的に「死」を中核に宿している。主題の誕生と話者の死は表裏一体なのだ。語り手のもとで生き生きと響く声ですら、それが何を語っているか、つまりその主題に関するかぎり、録音されたそれと本質的な違いはない。「生」から切り離されているという意味での「死」が、「生」からのある種の隔たりが、主題の誕生にとって決定的なのである。だからこの隔たりが十分でない時、たとえば話者が対話に居合わせている時、対話の進展(すなわち主題の掘り下げ)はむしろ妨げられることすらある。しばしば私たちは対話の現場から遠ざかった後で、ようやくそこで何が語られていたかを理解し始めないだろうか。そして実は、私から切り離されることで主題として産み出された「かたち」を通してはじめて私は、自分がそのような「かたち」を産み出すそれ自身は「かたち」なきもの、すなわち「生」であることを知るのだ。死を知る者のみが、生をもまた知る。生きるとは、不断の死を介しておのれに覚醒すること以外ではない。主題を「かたち」づくる者の「死」が、主題の誕生なのだ。対話は主題なしには成り立たないのだから、それは話者の「死」をもってはじめてその準備を整えたのである。

冒頭で「対話は死んだ者との間に成り立つ」と書いたのはこの意味においてである。対話がそれをめぐって進展する主題とは「死んだ者」なのである。したがって「死んだ者」は、主題として残されたもののどこか背後にいるのではない。「死んだ者」とは端的に主題のことなのだ。そして主題となって姿を現わした「死んだ**者**」は、その時すでに「死んだ**もの**」でもある。『方法叙説』の背後に死んだデカルトがいるのではない。『方法叙説』**が**死んだデカルト（すなわちデカルトの骸《むくろ》）なのだ。したがってデカルトと交わす対話とは、死んだデカルト（すなわち主題として姿を現わしたデカルト）と交わす対話以外ではない。このように見てくると、「対話とはあなたと私が主題をめぐって交わすもの」という言い方もいささか不正確であることになる。正確には次のように言うべきなのである。対話とは、あくまで主題となったあなた（すなわち、死んだあなた）と交わすものなのだ。そして私自身もまた、この対話の中で絶えず主題へと自身をもたらすことで（これが対話が進展するということにほかならない）、絶えず死につつ、死んだ私と対話を交わすのである。

復　活

だが、以上はいまだ対話の半面でしかない。主題がそれを「かたち」づくる生き生きとした働きから切り離されて「死んだ」ままでは、いまだ対話が始まらないこともまた確かだからである。色やかたちや音響として、あるいは紙の上のインクの染みとして、つまりは何かの**もの**として死んだ主題は、それを再び、いや**はじめて**みずからの前に見て取る（聴き取る）生き生きした働きの前に姿を現わすことをもって対話の空間を開く。主題はいつもこのようにして「復活」するのである。「復活」によってすべては始まる。はじめに「復活」ありき、なのだ。何ものかが何ものかとして「かたち」を備えて、すなわち主題として**姿を現わす**ことをもって、この現実のすべては始まるのである。この時の主題を見て取る働きは、当の主題の作者とは原理的に独立であることに注意しよう。いったん作り手の生き生きした活動から切り離され、「死ぬ」ことをもって主題としての要件を整えた何ものかは、誰が、すなわちどの働きがそれを「かたち」をもったものとして見て取るかに関して、まったく未決定なままなのである。どのような働きであれ、それを「かたち」を備えたものとして見て取ることのできるすべての働きに対して、主題は原理的に開かれているのだ。

したがって、対話とは決して主題の作り手との対話では**ない**。対話はあくまでその主題をめぐって、当の主題がいかに聴き取られ、いかにしてさらに展開されるべきかを基軸にして、主題とその受け手にして問いかけ手との間で進行してゆくのだ。かりにその対話者の中に主題の作り手が含まれていたとしても、である。『方法叙説』や『省察』も、ある作り手(それはたまたまデカルト自身だったのだが)が産み出した**主題と**デカルトが交わした対話の記録(すなわち、それ自体再び主題となったもの)にほかならないのだ。したがってこれから本書が皆さんに提示する対話も、私・斎藤慶典と、もはやこの世にいないデカルトが、ある主題を介して対話するのでは**ない**。あくまで対話は「死んだ**もの**」である主題をめぐって、それとの間で進行するのである。これが、対話の主役は主題だということなのだ。

思考ということ

有意味な対話はすべて、その主題の作り手の生から切り離された「死せるもの」のもとでのみ成り立つ。いささかグロテスクな言い方になるが、作り手の作り出す働きの中ではいまだ「かたち」なきものの形骸、すなわち語り手の「骸《むくろ》」こそが、そこから無数の対話が生い《お》育つ温床なのだ。本書は、デカルトが残した骸と私が交わした対話の記録なのである。通常私たちが「誰それ」との対話と呼んでいるものの内実は、実はこのようなものなのだ。「誰それ」とは、あくまで主題としておのれを「かたち」あるものへともたらしたかぎりでのもの、すなわち「死んだもの＝者」でしかない。対話とはすべて、死者の骸との対話なのだ。このように言うと、それは対話と呼べるような代物ではない、骸を前にした単なる独り言にすぎない、という反論が再び聞こえてきそうである。だがすでに述べたように、骸を前にした独り言がつねに同時に、それ自身が死んで骸と化すことによってさまざまな受け手に別様に聴き取られる可能性に開かれること以外に、対話の、すなわち思考の存立の余地はない。何ごとかを思考するとは、まさに当の何ごとかをそのような「かたち」を備えた主題として構成し、そのようにして語り出された「もの」、すなわち骸に耳を傾け、あらためてそれに問いかけること以外ではないからである。この意味で、思考はつねに死を介した営みなのである。

たとえそれが沈黙の内に、いわば私の心の内でつぶやかれた独り言だとしても、もしそれがつぶやかれたのであれば、すでにそれはもう一人の私、すなわち受け手にして問いかけ手としての私に聴き取られている。このようにしていったん「死」を迎え、ただちに聴き取られ、さらにその上文字として書き留められて私以外の他者たちに差し出された書物は、沈黙の内での独り言ですらすでに有していた対話の可能性を、はるかに多くの、無数と言ってよいほどの可能性へと増幅する。かつてデカルトのもとで起こったことも、そして今彼の書物を、つまりは骸を前にしている私たちのもとで起こっていることも、このこと以外ではない。そしてこのような状況のもとで私が行なった対話も、それが一冊の書物として読者の皆さんに差し出された時点で、すでに間違いなく「死んだもの」である。すなわちそれは新たな対話に向けて開かれたまま、ここにある。それをどのような対話の内で「蘇生」させるかは、すでに皆さんに委ねられてしまっているのだ。

いささか前置きが長い、とお感じの読者もおられるに違いない。だが、ちょっと待ってほしい。私の見るところ、デカルトほど哲学の本質がこのような対話であることを、みずからの哲学を通して明らかにしてくれた人も少ないのだ。というのも、彼は徹底して思考がこうした対話にほかならないことを実践することで、ついにそうした思考の言葉が最終的にはいったい**どこに向けて**発せられるものなのかを示す地点にまで達したように思われるからである。このことを通してデカルトは、思考するとはいかなる営みなのかについて、ある光を投げかけてくれたのだ。それは、主題を「かたち」づくることで展開してゆく思考をもっとも深いところで養っているもの、いわば思考を貫く地下水脈のごときものを、ある仕方で浮び上がらせることだった。皆さんはこの地下水脈に、本書の最後で「触れる」ことになるはずである。いま話題にしていることは、デカルトの最終的な到達地点でもあるのだ。

「私」と「神」——デカルトの主題

ではそろそろ、その最終的な到達地点へ向けての歩みを開始することにしよう。そのためにはあらためて、デカルトにおいて明確な「かたち」へともたらされたものに眼を向けなければならない。デカルトその人が**それ**をめぐって思考を、対話を展開した当のもの、そしてまた本書も**それ**をめぐっての対話である当のもの、すなわちその主題とは何か。

　私がデカルトの内に見て取った主題は、実はたった一つである。本書での対話は、このたった一つの主題をめぐって展開される。しかしそれはデカルトのもとでは、一見するとまったく異なる二つの相貌のもとに姿を現わした。そのそれぞれを彼自身の言葉で表現すれば、「私」と「神」である。一見まったく別の主題に見えるこの二つが根本において一つの主題に収斂するさまを示すこと、これが本書の主題であると言ってもよい。デカルトの骸が残した二つの主題との対話を重ねた本書が、その対話の進展の中でそれら両主題がそこでいわば蝶番《ちょうつがい》のように繋がりあっている地点へと、つまりは一つの主題へと導かれてゆく次第を皆さんに呈示し、この差し出しをもってさらに新たな対話へ向けて準備を整えたいのである。この新たな主題を何と名づけるべきかについて、今の私には十分な用意がない。せいぜい、この主題へ向けての対話の中で、そのつど仮の名を与えることができるのみである。それが暫定的にもせよどのような名前になるかは、以下の対話の進展の中でおのずと明らかになるであろう。

2 「よき生」のために

諸学との対話

対話を始めるにあたって、まず皆さんに伝えておきたいことがある。それは、哲学が右に述べたような仕方での絶えざる対話なのだとして、そうした哲学がデカルトにとってどのような意味をもっていたのか、彼をそのような対話へと駆り立てたものは何だったのか、この対話を通して彼は何を目指していたのか、といったことである。実際彼ほど精力的に、自らの前に置かれた「死んだもの」たちに、ありていに言い直せば人類のこれまでの営為の骸としての遺産に問いかけ、対話を試みた人も珍しい。そうした対話の果てに、ついに彼は自身が産み出した主題との粘り強い対話の内へと分け入ってゆくことになるのだ。『方法叙説』は、そのような対話の数々を生き生きと伝えてくれている。彼はその第一部で、自らが対話を重ねた遺産を列挙している。すなわち諸国語（古代語を含む）からなる文学であり、雄弁術であり、詩であり、数学であり、神学、哲学、法学、医学……といった諸学である。それらにおいて「死んだものたち」と交わした対話を、彼は次のように描写している。

どんな本でも良書を読むのは、過ぎ去った世紀世紀の一流の人士、つまりその著者だった人たちとじっくり対話を交わすようなものであり、しかもそれは考え抜かれた対話で、その中でそういう人たちがめいめい自分の考えの内から最良のものを選りすぐって披露し、差し出してくれるのだ。（D一四頁／一三頁）

このようにして彼は、むさぼるように死者たちの亡骸《なきがら》と対話を重ねたのである。だがそのような対話のいずれも、彼を真に満足させることはなかった。これらの対話を通して彼が発見したのは、「おびただしい疑いと迷いに取りつかれてにっちもさっちもいかないありさま」(D一三頁／一三頁)の内に取り残された自身の姿だったのである。彼が交わしたさまざまな対話相手の中でも、とりわけ哲学に対する不満はよほどのものだったらしく、「哲学については何も言いませんが、ただ次のことだけは言っておきます」と前置きした上で、次のように述べている。「見たところ哲学は、これまでに生を享《う》けた誰よりも優れた精神によって何世紀もの昔から培《つちか》われてきたのに、それでも哲学にはまだ何ひとつ論議の的にならない、したがって疑わしくないようなものは見当たらない」(D一六―一七頁／一六頁)。哲学のこのような「惨状」を前にして、ついに彼は「本当らしく見えるにすぎないものはいっさいほぼ偽《にせ》ものときめこむ」(D一七頁／一六頁)しかない、と考えるにいたる。これこそ、後の「方法的懐疑」を導く準則にほかならない。

こうして彼は学業を修めるべき年限を終えると、書物による学問にきっぱりと別れを告げて、新たな対話の相手を求めて旅立つことになる。幼少のころより学んだイエズス会の学院を後にした時、彼はまだ二十歳になっていなかった。そこで彼が求めた新たな対話の相手が、「私自身」と「世界(世間)という大きな書物」なのである。

そんなわけで、教師たちに頭の上がらない状態から抜け出せる年齢になるとすぐ、文字による勉強をすっかり放棄してしまいました。そしてこれからはもう、私自身の内にか、それとも世界（世間）という大きな書物の内にか、どちらかにもしかすると見つかるかもしれない学問よりほかの学問は探すまいと心に決めて、青春時代の残りを次のことに使ったのです。つまり、旅をする、あちこちの宮廷や軍隊を見る、気質も身分もさまざまな人たちと付き合う、さまざまな経験を積む、運命の巡り合わせをいいことにして自分自身を試す、そしてどことかぎらず眼前に姿を現わすものごとに反省を加えて、何か役に立つことを引き出せるようにすることです。（D一七―一八頁／一七頁）

実際の彼のその後の歩みは、何年にもわたって諸国（すなわち「世界」）を旅した後、ついに「私自身」という新たな書物の中に対話相手を求めて分け入ってゆくことで、固有のデカルト哲学の入り口に到達する。ここから前人未踏の新たな旅が始まるのであり、この旅においてデカルトはひたすら自らの産み出した主題に、すなわち自らの骸との対話に沈潜してゆく。彼の決意の言葉を聴こう。

何年もかけてこうして世界という書物の中に入って学び、つとめて何かしら経験を身につけようとしたあげく、ある日決心を固めて、私自身の中に入っていってもまた学ぼうとし、精神の力を傾け尽くして私の辿るべき途を選ぼうとしたのです。（D一九頁／一八頁）

「絶対に疑いえない」ものを求めて

この「私自身」という書物（すなわち主題）との対話については以下であらためて考えるが、彼をついにそのような地点にまで導いてゆくことになったこれまでの一連の対話を通して、いったい何を彼は学んだのだろうか。それは、すべてが「不確か」で「疑わしい」ことであった。哲学について彼が語っていたことを思い出してほしい。彼は哲学の中に「何ひとつ論議の的にならない、したがって疑わしくないようなものは見当たらない」ことに、はなはだ失望したのである。彼は自らの対話に裏付けられた経験を通して、「何ひとつ疑わしくないものはないこと」、すなわちすべてが「不確か」で「疑わしい」ままであることに驚いたのだ。この驚きが、次から次へと新たな対話を重ねるよう彼を衝《つ》き動かしたのである。哲学は驚きに端を発する、とは古来の言である。つまり、すべてが「疑わしい」ことへの驚きが、彼をして彼固有の哲学へと押しやったのだ。

このことを別の側面から眺めてみれば、デカルトは当初から何か「確かなもの」、「絶対に疑いえない」ほどに堅固なものを求めていたということでもある。そうしたものが得られると期待して諸学に学んだにもかかわらず、いっこうにそうしたものに出会わないことが彼を驚かせたのだ。ではいったいなぜ、あるいは何のために、デカルトはそのように「確かなもの」を求めていたのだろうか。この問いに彼ははっきり答えている。それは「私の人生をよりよく導いてゆく」ため、なのである（D二三頁／二三頁）。「自分の行ないを明らかに見通し、確信をもってこの人生を歩いてゆく」ためには、「どうしたら真なるものを偽なるものから見分けられるかを学び知る」ことがぜひとも必要であり（「そのことへの極めて強い欲望を私はいつももち続けていました」）、その「真なるもの」の真理たるゆえんがあの「絶対に疑いえない」という「確かさ」なのである（D一八頁／一七頁）。

彼のこうした考え方は、『方法叙説』第三部に登場する「暫定道徳（仮の道徳）」の名で知られた提案にもよくあらわれている。自らの人生を導く絶対に確かなものがいまだ見つからないとしても、日々の生活は待ってくれない。否応なく日々の生活のそのつどの場面で、私たちはどのように行為すべきかの決断を迫られる。そのような事態に対処するために、人生を導く絶対に確かなものが見い出されるまでの間「暫定的に」、「かりに」でも私を導いてくれる指針が必要だと考えたのである。彼はそこで四つの指針（「格率」）を挙げるのだが、ここでそのいちいちを紹介はしない。一つだけ、彼の発想を、つまりは人生に対する彼の態度を典型的に示していると思われるくだりに触れておきたい。彼はその個所で、森の中で途を見失った旅人の例を引いている。このような状況に陥った時の最悪のふるまいは、あっちにちょっと行ってみては今度はこっちへ……と無定見にうろうろすることである。これでは、いつまでたっても同じところをぐるぐる回ってしまって、もはや森から脱け出ることができなくなってしまうかもしれない。かといって一個所にじっと立ちとどまっていても、状況はいっこうに改善しない。

この時私のとりうる唯一最善の方途は、ある特定の方向を見定めて、後はわき目もふらずひたすらその方向にどこまでも歩きつづけることだと彼は考える。そうすれば、いつかは森のはずれのどこかに必ず行きつけるはずだからである。かりにそこが自分の望む場所ではなかったとしても、森の中に閉じ込められて命を危険にさらすよりははるかによい、というわけだ。ここでの彼の言い分からはっきり読み取れるのは、人生を導いてゆくにあたって、自分が納得できるしっかりした基準を彼が心底欲しているということである。必ずしもすべてが明らかになっていなくても、この場合であれば森の全体像は捉えられていなくとも、それどころか歩むべき途すら見失われていても、「これだけは確かだ」といえるものを彼は絶えず追い求めていたし、現にそのつど獲得してもいたのである。先のような行為の指針を自らに与えることで、彼は「一切の後悔と良心の呵責から解放」された、というのである（D三六頁／三五―三六頁）。

しかし彼の最終的な目標が、そのような暫定的なものでないことは言うまでもない。哲学者は、何が言葉の厳密な意味で「絶対に疑うことのできない」ものであるかを、すなわち何があらゆる疑いを撥《は》ねつける究極の「真理」であるかを、明らかにしなければならない。それこそ彼が「極めて強い欲望」をもって探し求めていたものであり、それがために次々と、およそ可能なかぎりの対話を重ねもしたのである。しかしそのような究極の「真理」を手に入れるためには、すべてを徹底的に疑い、そのことを通して、およそ考えうるかぎりのいかなる疑いをも撥ねつけるだけの強さをもったものへと肉薄していかねばならない。そのような徹底した懐疑は、強い精神の力と十分な時間が与えられなければ行なうことはできない。だが哲学者たるものは、「一生に一度はすべてを根本から覆す」ような「極度の疑い」の中に身を置かねばならない（M一一五頁／三四頁）。この企てこそがすべての学の「最初の土台」（同頁／同頁）が何であるかを、したがって私たちの生のすべての営みを支える「岩盤」（D四〇頁／三九頁）が何であるかを、はじめて明らかにする。「私のもくろみは、ただ自分を確固たるものにしよう、そして緩い土と砂を取り除き、岩盤か粘土層を見つけ出そう、ということに尽きていた」（同頁／同頁）。そのための機会が訪れるのを、じっと彼は待つのである。

確認しよう。自らの人生とすべての学を支えるに足る何か「絶対に疑うことのできない」ものを発見すること、たとえすべてが疑わしいのだとしても、すべてが疑わしいというそのことだけは「確か」だと言いうる地点に到達すること、これこそがデカルトのすべての対話を駆り立てた原動力であり、そのような「絶対に疑いえない」もののみが「真理」の名に値する。哲学とはこのような意味での真理の探究なのである。そしてこのような真理を求めて飽くことなく対話を積み重ねること、可能ならばそのような真理に支えられて自らの生を導くこと、それがよりよく生きること、すなわち「よき生」なのだ。かくして今や、次のように言ってよい。デカルト哲学の導きの糸は「真理」であり、かつそれに基づいた「よき生」なのである。

あらためて問う、「真理とは何か」、「よき生とは何か」

ここで、さしあたり次の二つの点に注目しておきたい。第一は、そのような「絶対に疑いえない」ものが「真理」であるという**そのこと**がデカルトにおいて「疑われた」形跡は**ない**、ということである。私は本書でデカルトの亡骸に、「真理」が「絶対に疑いえない」ものだというのは本当か、と問いかけてみたい。哲学が追究すべき「真理」とは、あるいは現に追究している「真理」とは、いったいいかなるものなのか。すべてを根底から、徹底して疑ってみることこそ哲学であることを身をもって示したデカルトであってみれば、この問いをも彼は問うべきではなかったか。今も述べたように、彼はこの問いを一度も明示的に問うことはなかった。自らが「真理」と信ずるものにしたがって、彼は「私」へと導かれたのである。だがこの「私」をめぐって粘り強い対話を重ねる中で、「真理」に関わるこの問いを問わざるをえないぎりぎりの地点にまで、彼は自らを追い込んでもいたのではなかったか。

この点をめぐってさらに対話を重ねるのが、本書の第一章である。

　第二に注目したいのは、そのような「真理」、つまりデカルトの生を絶対の確実性をもって支え・導いてくれるような「真理」を求め、それにしたがって生きることが「よりよい生」であるのはなぜか、という点である。自らの生を「絶対に疑いえない」ものに支えられて導いてゆくことが「よき生」であるというのは本当なのか。この点を彼があらためて問うた形跡もまた、**ない**。だがデカルトの内には、この問いをあらためて問うための手がかりもまた残されているように思われる。その手がかりは、彼の営みのすべてが、すなわち彼の哲学が、先にも触れた「暫定道徳」も含めて全力を挙げてまさしく自らの生を支えるためになされていることの内にこそある。彼自身、このような仕方で哲学に没頭することに「この上ない満足を味わった」とはっきり述べている（D三八頁／三七頁）。「誰でもこれ以上なごやかで、これ以上罪のない満足を、この世で享けることが出来ようとは思いもよらないほどだった」と言うのである（同頁／同頁）。「私は満足感で胸がいっぱいになり、ほかのことは一切心に触れなくなったほど」なのだ（同頁／同頁）。

　これは彼の哲学が挙げて「自らが満足すること」、この意味での「自己充足」へと向けられていたことを示している。「自己充足」すなわち「アウタルケイア」こそ生きることの究極の価値である、とは古代ギリシア以来の西欧倫理学の根幹をなす考え方なのだが、デカルトにおいてそれがおよそ可能なかぎり強度を高めて（「極めて強い欲望」と彼は述べていた）あらためて反復されているのである。自らに充《み》ち足りること、すなわち「満足」すること、それが「幸福」なのであり、人が望みうる最高の境地なのだ。デカルトにおいてこの「自己充足」の倫理は、すべてが「思考する私（エゴ・コギト）」に集約されて現われるがゆえに、その本質が徹底したエゴイズムにほかならないことを他のどの哲学者のもとでよりもはっきりと示す。だがこのことのみが、つまり世界のすべてを自らの内に担うほどに極大化されたエゴイズムのみがはじめて、そのような世界の**外部**という絶対的な他者に当の世界が直面する次元を開く。その時、何が「よき生」なのかという問いは、極大化したエゴイストであるデカルトの骸の前で、新たな可能性を前にしているかもしれないのだ。彼にとって「よき生」を支える不可欠の根拠であった「神」をめぐる思考の中で、いったい彼はどんな事態に直面していたのか。これが第二章で考えてみたい主題である。

第一章　「われ思う」のは誰か

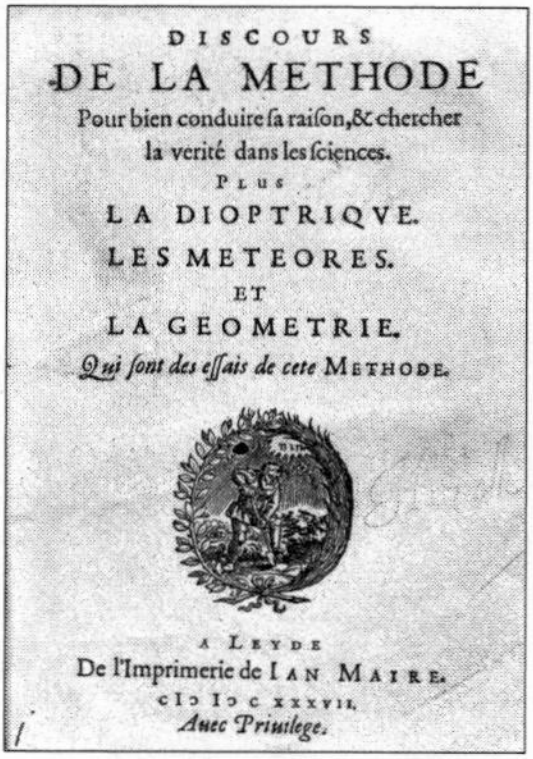
DISCOURS
DE LA METHODE
Pour bien conduire ſa raiſon, & chercher
la verité dans les ſciences.
PLUS
LA DIOPTRIQVE.
LES METEORES.
ET
LA GEOMETRIE.
Qui ſont des eſſais de cete METHODE.

A LEYDE
De l'Imprimerie de IAN MAIRE.
CIↃ IↃ C XXXVII.
Auec Priuilege.

『方法叙説』初版（1637年）

1　夢

真理と「疑いえなさ」

今あなたが目の前に一冊の書物を見ているとする。その書物の色やかたちや大きさや……が見て取られる。また、手を伸ばしてそれを持ち上げてみれば、その重さやカヴァーの手触りや……が感じ取られる。この時の色やかたちや重さや……が当の書物の「ありのままの姿」を示しているのであれば、あなたはその書物についての「真理」を所有している。そしてそれが「真理」であることを保証しているのは、現にあなたに見えている色や手に感じられる重みが、現に見て取られ・感じ取られている通りであってそれ以外では絶対にありえないことなのである。逆に、もし見て取られたそのかたちが長方形なのか正方形なのか定かでなかったり、持ち上げただけではカヴァーの表面がつるつるしているのか多少ともざらついているのかはっきりしなかったり……した時、それらに関してあなたはいまだその書物の「ありのままの姿」を、すなわちその「真理」をもっていないのである。

だが、現に今私にはこの書物がはっきり長方形に見えているにもかかわらず、書物の「ありのままの姿」は実は長方形ではない、ということがありうるのではないか。たとえば、斜め上方からそれを見ていたためにそう見えたにすぎず、実際は正方形であった、といったように。あるいは、カヴァーの色はどう見てもオレンジ色に見えるにもかかわらず、それは部屋の特殊な照明のせいであった、といったように。こうして、いったいどういった場合にそれは「ありのまま」であって「それ以外ではありえない」、すなわちそれであることが「絶対に疑いえない」と言ってよいかをめぐって、デカルトの探究と吟味が開始される。この探究と吟味は、「真理」の探究であるはずのあらゆる学問がいったいどこから自らの営みの正当性を汲み取ってきているのかを明らかにする試みにほかならず、しかも彼に言わせればいまだ誰も、いかなる学問も、このことを一度も明らかにしていないのだ。

なるほど、世の中には「本当らしく見える＝真理らしく見える（vraisemblable）」ものがあふれてはいる。諸学問にしても、事情は同様である。だが、それらが単にそう「見える（semblable）」だけでなく、実際にそう「である」ことを、誰がどこでどのようにして保証しているのかは決して明らかではない。それほど、これを明らかにすることは困難らしいのだ。そのためには、十分に鍛えられ、成熟した、強靱な精神と、その精神がそれ以外のことに一切煩わされることのない静かな環境と十分な時間が必要である。デカルトがじっと待ちつづけたこの稀有の瞬間が、おそらくは一人の哲学者にして「一生に一度」しかまみえることのないであろう熟慮の時が、すなわち真の対話の始まる時が、今や彼に訪れたのである。「世界という大きな書物」に学ぶべく諸国の遍歴を重ねた後、祖国フランスを離れてオランダに移住してまもなく（一六二九年）のことだったという（以後、『省察』が刊行される一六四一年までのほぼ十年間に産み出された主題が、本書の対話相手である)。

先にも触れたように、「真理」とは或るものの「ありのままの姿」であるとは本当か、「ありのまま」とはそもそもいかなる状態のことか、「ありのまま」であることとそれが「絶対に疑いえない」こととははたして同じか、こうしたことはこの時点でのデカルトにとってあらためて問うまでもない自明の前提をなしている。それどころかこれらの疑問が表立って表明されたことは、彼の探究と吟味の全行程を通じて一度もなかったと言ってよい。それにもかかわらず、これらの疑問が発せられざるをえないぎりぎりの地点にまで彼の思考が達してしまっていることを本書は以下で確認することになるだろう。その思考があれほどまでに強靭であったにもかかわらず、いやそれほどまでに強靭であったからこそ、当のデカルト自身にはついに見通すことができなかったほど遠くにまで、その思考の射程は及んでいたのである。

思考の建築術

「絶対に疑いえない」ものを求めてのデカルトの思考の歩みと対話を交わすにあたって、ここでもうひとつだけ、あらかじめ考えておきたいことがある。いや正確には、あらかじめ疑問を呈示しておきたい、と言うべきかもしれない。この疑問に答えるためには、本章を通じてデカルトとともに思考してみなければならないからである。それはおそらく、彼が「真理」を「絶対に疑いえない」ものによって保証しうると考え、両者を等しいものと考えることができたその理由に関わる事柄でもある。先にも見たように、彼は自らの人生を「よりよく」導くためには、それによって生を支えることのできるある確固とした地盤が必要だと考えていた。「岩盤」であり「粘土層」である。諸学問もまた、こうした確固とした地盤の上に建設されなければならない。いや諸学問こそ、そうした生に最終的な保証を与えるものとして、確固として揺るぎない地盤を必要としているのである。彼は自らの思考の歩みを読者に呈示するに際して、こうしたいわば「建築術」的な例ないし比喩を多用している。

たとえば、これまでの諸学は自分がどのような土台の上に立っているのかを知らず、この意味で何の保証もない脆弱な土台の上に立てられた「砂上の楼閣」にたとえられる。これに対してデカルト自身が追求するのは、いかなる疑いにもびくともしない盤石の地盤の上に立てられた堅固な建築物としての諸学だという。また、あらかじめ一人の設計者によって計画されたのではなく、自然発生的に増殖を繰り返してきた古い都市は、「通りがいかにも曲がりくねった、高低の多い」（D二一頁／二二頁）ぶざまで使い勝手の悪い、非理性的なものたらざるをえないとして、せめて自分自身のことに関してだけでもそうした古くからの無秩序な堆積を排して、自らの理性の「水準器」にきちっと合わせたものだけで家を打ち建てようと試みた、とも述べている（D二三頁／二三頁）。

思考がこのように何かを「建築」することにも比せられる営みであるとすれば、そのためにはぜひともしっかりとした土台・地盤を確保する必要があろう。つまりデカルトにとって「学」がそのような建築物であることは、これまたはじめから明らかなこと、自明なことだったのである。そのような仕方で「学」を打ち建てようと試みること自体は、おそらく試みるに値することだろう。だが、そうした「建築術」としての学をデカルトが私たちの思考の、つまりは哲学のあるべき姿だと考えたとしたら、どうだろう。哲学とは、本当に「建築術」であるべきなのだろうか。そしてまた、そうでありうるのだろうか。このように彼に問いかけてみたいのである。実際のデカルトは、ただ自分がそのような建築物をこしらえてみたところ意外と使い勝手がよく、ずいぶんといろいろな問題を解決できたので、それを皆さんに呈示してできることなら役立ててもらいたいと思ったまでだ、と控えめに述べているにすぎない。『方法叙説』はこうした言い回しで充ち満ちた書物なのである。

人によってはあまりに目につくデカルトのこのへりくだった、謙遜めいた語り口に、むしろ隠された尊大な自信を、あるいは当時の時代状況に配慮したカモフラージュを見て取るほどである。しかし私は、彼のこれらの言葉を真に受けてよいと思っている（その理由はすぐ後で述べる）。あるいはまた、デカルト本人は自分の試みを単にひとつの可能な途として呈示したにすぎないのに、時代が、あるいは後世が、それを「新しい学（scientia nova＝「近代科学」の別名である）」の唯一可能なモデルに仕立て上げてしまったのだ、とここで論ずるつもりもない（実際、そうなのかもしれないが）。

そうではなく、私がここで考えてみたいのは、彼が学の、思考の一つの可能性をたった一人で徹底して追求したからこそはじめて見えてきた、学とは何か、思考とは私たちのどのような営みなのか、ということである。もう一度具体的に言い直せば、思考とは本当に何かを「建築」することなのかをあらためて考えてみたいのである。何かを確固とした土台の上に打ち建てることは、思考が成しうる一つのふるまいではあっても、必ずしも思考そのものではないのではないか。思考の本質は、もう少し別のところにあるのではないか。デカルトが徹底して建築術としての哲学を何よりもその土台に関して吟味してくれたことが、他のどんな哲学にも増して、こうした問いをあらためて問いうる地点にまで私たちを導いていってくれたのではないか。実際デカルトの歩んだこの途は険《けわ》しく、困難な途である。しかし幸いなことに少なくとも一人が（つまりデカルトその人が）実際にそれを歩みぬいてくれたおかげで、多少とも途しるべが残されている。私たちはデカルトの骸を足がかりに歩むことができるのだ。対話の準備は整ったと言うべきである。試みてみよう。

方法的懐疑

デカルトはこの途を歩むにあたって、一つの遵守すべき規則を自分に与える。今や私が追求しているのは、どんな疑いを束ねてかかってもびくともしない盤石の土台たるべき「絶対に疑いえない」ものなのだから、逆にほんの僅かでも疑いの余地が残るものに対しては断固としてこれを「偽」とみなし、斥けなければならないというのである（『方法叙説』第四部）。もちろんこれは、少しでも疑いの余地が残るものはすべて「偽である」と言っているのではない。何かを「偽**である**」と認定するためには、それに足る十分な根拠がなくてはならない。それはそれで一つ一つ根拠を吟味・検討してゆく必要があり、膨大な時間と労力を要する。しかし、今自分が探し求め、吟味しようとしている「絶対に疑いえない」ものに関しては、そうした時間と労力を節約することができる。少しでも疑わしい部分があれば、それは少なくとも「絶対に疑いえない」とは言えないからだ。そこで、そうしたものはさしあたり一挙に考慮の外に置くことができる。これが、「偽**とみなして**斥ける」という操作（ひとつの方法的な手続き）である。

単なる懐疑あるいは疑うためだけの疑いではなく、「絶対に疑いえない」ものを求めての疑いであるかぎりで、それは「方法的懐疑」と呼ばれる。したがって、そこで偽**とみなされた**ものは、そのことをもって全面的に偽**である**わけではない。ここでは判断における「偽」の力がいわば弱められており、だからと言ってそれが「真」であるわけでは当然ないのだから、真・偽のいずれにも属さない次元が指し示されている可能性がある。だが彼の下ではそれはあくまで「**偽**とみなされる」ことでなお「偽」の圏域にとどまっており、他方で「絶対に疑いえない」かぎりでの「真」が目指されている点は動かない。つまり彼の方法的懐疑は、なお真・偽という基準の中を動いている。「理性の水準器」（D二三頁／二三頁）の尺度は、あくまで「真・偽」なのである。

感覚

さて、方法的懐疑による最初の吟味の対象となるのは、感覚を通して与えられたものである。私たちは、自分たちが生きているこの世界のさまざまな対象に、何をおいてもまず、目や口や鼻……といった「五感」と呼ばれる感覚器官を通して接しているはずである。このような仕方で私たちが接している対象は、現代風には「知覚（perception）」対象とも呼ばれる。私たちは、こうした知覚対象こそが何よりもまずこの現実世界を構成していると考えているはずである。目の前の椅子や机、机の上に広げられた本、窓外の緑の木々、木犀《もくせい》の高い香りを運んでくる初秋の爽やかな風、夏の名残の蟬《せみ》の声……。それらが紛れもなくこの現実世界の中で生じている一齣一齣であることは、きわめて「確からしい」のではないか。

だがそのような感覚的知識において、見間違いや聞き違いを経験したことのない人もまたいないはずである。てっきり机だと思っていたのに、近づいてよく見たらそれは棚の一部だったり、玄関で誰かの声がしたのでドアを開けてみたら誰もおらず、どうやら空耳だったらしかったり……。むしろこの手の錯覚を織り込んで進行してゆくのが、私たちの日常ではないのか。そうだとすれば感覚を通して与えられたものは、そのままでは決して「絶対に疑いえない」ものではない。それはいつでも誤りうるのであり、この可能性があらかじめ払拭されることはないのだから、ここではそれらは「偽とみなして」斥けられねばならないのである。

夢と現実

しかし、そうした個々の見間違い・聞き違いに彩られていない現実認識はありえないとしても、だからといってそうした小さな錯覚を含みつつもそこで私たちの現実認識が行なわれている現実世界全体の存在が疑わしいとは、誰も思っていないのではないか。そうであれば次に吟味すべきは、個々の感覚(知覚)対象の存在ではなく、私たちが全感覚を挙げてそれに接触し、それどころかその中に自分たちもまた存在していると思っているこの現実世界の全体としての存在である。この世界の存在を疑いつつ、日々の生活を送っている人などいるだろうか。普通そのような人に私たちは出会わないし、かりにそうした人がいたとすれば、むしろそうした人の方がおかしい、気が触れているのではないか、と怪しむだろう。現実世界の存在は、このように通常それを疑う人がいないほど「きわめて確からしい」のではないか。

だが今は、そのような「きわめて確からしい」ことで満足してはならない。髪の毛一筋ほどの僅かな疑わしさでも、今ここでそれを見逃してしまえば、そのようなものの混入した土台にいつかそこから大きな亀裂が入るかもしれず、そうなってしまえばもはやその上に建てられた家はひとたまりもなく、それまでのすべての努力は水泡に帰してしまう。そのような僅かな疑いの余地をも見逃さないためには、懐疑はその力の限りを尽くして、疑いうるかぎりのすべてを疑ってみなければならない。方法的懐疑は、通常の懐疑ではない。それでは不十分なのだ。それは「極度の懐疑」（P五六頁／一五四頁）、「誇張された懐疑」（M二二〇―二二一頁／一三二頁）でなければならないのである。そこでデカルトは考える。この現実世界の全体としての存在それ自体が、一個の夢見られたものである可能性はないのか、と。

夢もまた、ありふれた経験ではある。生まれてこのかた一度も夢を見たことがない、という人はいないだろう。しかし夢はいつか必ず醒《さ》める。それは現実に起こったことではなく、単に私が寝床の中で見たものにすぎない。夢の中では確かに私は空を飛んでいたのだが、醒めてみれば私は寝床の中に横たわっていたにすぎなかったのである。かくして夢の中の出来事もまた錯覚の一種として、現実世界とははっきり区別される。だが、いったい何が夢と現実を区別しているのだろうか。夢の中に出てくるどれをとっても、それはそれで現に起こっていることのように思われ、だからこそ私は夢の中で本気で喜んだり、悲しんだり、驚いたりするのではないか。夢の中で起こることが最初から嘘くさいと思われていたのだったら、夢を見る楽しみも恐ろしさもあれほどではないのではないか。このかぎりでは、夢で起こることと現実世界で起こることとに何か決定的な違いがあるとは思われない。なるほど夢から醒めた後でずいぶんと珍妙でちぐはぐな話だったなあと思うことはしばしばだとしても、それはあくまで醒めた後でであって、夢の中では珍妙だろうがちぐはぐだろうが現にそれは目の前で起こっているのだから、そうでしかありえないのである。「妙だなあ」という思いも背後に退いてしまうほど、それは「ありありと」しているのだ。

　このように考えてくると、夢と現実を分かつ唯一の基準は「醒める」という体験を措いてほかにはないことが明らかになる。夢は醒めた**後で**はじめて、それと知れるのである。「何だ、夢**だった**のか」というわけである。

　しかし、このことは重大な帰結を孕《はら》んでいる。もしそうであれば、この現実が現実であって決して夢でないと断言することは原理的に不可能となるからである。何かが「ありありと」目の前で起こっていることは、決してそれが現実であることを保証しない。それもまた夢であって、それから醒めてしまう可能性を排除しないのである。したがって私たちは、醒めたものに関して**のみ**、それを夢と断言する権利をもっているにすぎない。そしてそれ以外のものは、〈いつ醒めるかもしれないし、醒めないかもしれない〉という宙ぶらりんの状態にとどまらざるをえない。つまり私たちが現実と呼んでいるものは、単に〈今まで醒めたことがない〉ということのみをもってそう呼ばれているにすぎず、その権利上いつ醒めてもおかしくないのである。現実は、いつそれが夢となってもおかしくないのだ。

　現に私が死に臨んでこれまでの人生を振り返ったとすれば、その時「人生は一場の夢のようだった」と思うかもしれない。その時のその思いには、今私がそれに抱いている以上のリアリティが、すなわち現実感がともなっているかもしれない。その時私は死という新たな現実に、一度も経験したことのない圧倒的な現実に直面しているのだから、ひるがえってこれまでの人生の方が現実感を失うことがあってもちっともおかしくないのだ。その時なおまだ私が生きているかぎりで「人生は一場の夢**のよう**だった」と述べる権利を保留しているが、ついに死を迎えて新たな現実に移行してしまった後では、つまり死へと覚醒してしまった後では、むしろ人生は文字通り「一場の夢**だった**」のではないか。それは（少なくともそのご当人にとっては）跡形もなく消え去ってしまったのではないか。この現実において経験したと思われることのすべては、はたして夢以上のリアリティをもちうるだろうか。かくして現実は、その確固とした存在を失う。

夢中夢

このように考えてくると、いわゆる「夢中夢」の経験も納得がいく。夢の中には、夢を見ている最中に「これは夢だ」と思われているような夢も存在する。だがこれは決して、夢見られている最中に、すでにそれが夢であることが知られているわけではないことに注意しなければならない。何かが現に目の前で生じているかぎりで、それはそのようなものでしかありえないのであって、それが夢の中の出来事であって現実に起こったことではないと知られるのはあくまで醒めた後のことである点は動かない。つまり「夢中夢」は実は〈「夢から醒めた」という夢を見ている〉のであって、そのかぎりで醒めた方はすでに夢として知られているが、その醒めたという経験自体が夢であることはまだ知られていないのである。

夢から醒めた（「これは夢だ」）という経験自体が夢の中の出来事であることが知られるためには、**もう一度**醒めなければならないのだ。これは、夢と区別されて通常私たちが現実だと思っているものが、再びそこから醒めてしまって夢となる可能性をいつも保留しているのと、構造上まったく同じである。そして、再び醒めることによって出会った現実なるものが、またしても夢である可能性はいつでも残っているのだから、「夢中夢」の夢、「『夢中夢』の夢」の夢……とどこまでも入れ子状に夢の可能性は存立し続けるのである。かくして再び、三たび……現実は、その確固とした存在を失う。

もはや明らかであろう。個々の感覚を通して私たちに与えられるものが「疑いうる」ばかりではなく、私たち自身がその中に存在すると思われている現実世界の全体としての存在もまた「疑いうる」ものなのであり、方法的懐疑を前にしてそれは斥けられねばならないのである。ここにはいくつか注目すべき点がある。今や現実世界に属すると考えられている**すべて**は「疑わしさ」を免れえないのだから、通常そうした現実世界に属すると考えられている**他人たち**の存在もまた斥けられねばならないということが、その第一である。私が他人たちを知るのは、その身体を目で見たり、その声を耳で聴いたり、その手に触れたり……と、すべて五感を通してのことであるのだから、これは当然の帰結である。だがそれだけではない。私たちは通常、私自身もまた現実世界の一員だと考えているはずである。そうだとすればここで、現実世界の一員と考えられているかぎりでの私自身（の存在）もまた今や「絶対に疑いえない」ものではなく、方法的懐疑を前にして斥けられねばならない。換言すれば、今後あらためて方法的懐疑の途上で「私」なるものが登場するとすれば、少なくともそれは現実世界に属するかぎりでの私ではないことになるのである。もちろん現実世界に属さないからといって、それは「あの世」の私だというわけではない。通常「あの世」といえば死後の世界のことであろうが、いまだ死んでいない私が「あの世」についてもちうる「確からしさ」が、現に私が生きているはずのこの現実世界のそれに及びえないことも明らかだからである。では、この世のものでもあの世のものでもない「私」とはいったい何のことか。これについてはあらためて検討することになろう。

もう一つ、夢の懐疑をめぐって考えておきたいことがある。先に見たように、夢の夢の夢の……とどこまでも、現実と思われたものが再び夢へと転化する可能性がついてまわるとしても、だからといって「すべてが夢である」とは決して言えないということである。そのことが言えるためにはどうしても、それらすべてを自らとの対比の中で夢として確定させる「現実」なるものが、その手前に姿を現わしていなければならないからである。ところでこれまでの考察で明らかになったのは、どんな「現実」もそれが夢である可能性を排除できないということであった。とすればそれは、（自分以外の）すべてを夢として確定させる「現実」なるものもまたありえない、ということにほかならない。この世のすべては、それが夢であるかもしれない可能性に開かれたまま、だが夢であるのでもないのである。こうして、私たちの世界に関してそれを夢と現実という観点から、何か「絶対に疑いえない」ことを述べる余地はすべて失われたことになる。

以上が、感覚ないし知覚を通して私たちに与えられると通常考えられている現実世界をめぐる考察である。その中には、個々の感覚対象に付きまとう錯覚をめぐる議論と、現実世界の全体としての存在をめぐる議論の二つが含まれていたが、いずれも知覚経験をベースにした私たちの世界経験は、夢の懐疑をもって全面的に斥けられたわけである。かくして、デカルトの方法的懐疑の最初のピークを形作るのは「夢」であると言ってよい。

2 狂気

理念の世界

夢の懐疑を前にして私たちの現実世界に関するすべては、決して「絶対に疑いえない」ものではないことが明らかとなった。そこで次にデカルトが検討するのは、感覚を通じて接近されるそうした現実世界とは独立に、それ自体で存在していると考えられる「理念」の世界である。「理念」とは、知覚される個々の経験対象とは独立に、私たちがそれを思考するかぎりでそれ自体で存在していると考えられる普遍的なものである。たとえば、「美しさ」は一個の理念である。私たちの現実世界には美しい花、美しい人、美しい風景……等々、さまざまな美しい「もの」が存在しており、美しい花一つとっても、バラもコスモスも桜も……美しい花でありうるし、赤いバラも白いバラも……美しくありうるし、**この**赤いバラと**あの**赤いバラも……美しい「もの」でありうる。このように多種多様な、無数の個々の「もの」が美しくありうるわけだが、「美しさ」そのものは一つである。もちろん「美しさ」にも、かたちの美しさ、色の美しさ……等々を考えることができるが、それでもそれらかたちや色が「美しい」と言われるかぎりで、「美しさ」自体は一つである。また個々のバラの「美しさ」は、それが萎《しお》れてしまったり、風になぎ倒されてしまったりすれば失われてしまうが、だからといって「美しさ」それ自体が「美しくなくなる」わけではない。現実世界に属するとされる個々の経験対象は時間の流れの中でいずれ失われてゆかざるをえないが、「美しさ」そのものは時間の流れの中で失われるものではない。

かりに「美しさ」の内実が時間の流れとともに変化していったとしても（たとえば王朝時代の美人はふっくらとしていたが現代の美人はむしろ痩せ型であるといったように）、「美しさ」（という概念すなわち理念）自体が変化したわけではない。そうでなければ、美しさの内実の変化について語ることすら不可能になってしまおう。この意味で理念は普遍的と呼ばれる。ここで「普遍的」とは、いつ・どこで・誰に対しても、まったく「同じもの」として通用するというほどの意味である。しかも理念であるかぎりでの「美しさ」は、美しい「もの」が何ひとつこの世界に存在しないとしても、びくともせずに存立しつづける。だからこそ人は、「この世界は醜い。美しいものなど何ひとつない」と嘆くことができるのである。

数学

こうした「理念」の典型として、数学的な対象の世界を考えることができる。1＋1＝2は、古代ギリシアにおいても宋においても現代のアメリカにおいても、まったく「同じもの」である。それを算数を覚えたての小学生が計算しようが天才数学者ガウスが計算しようが、やはり「同じもの」である。三角形の内角の和は、ピタゴラスにとってもあなたにとっても二直角である。また、1という「数」は「もの」ではない。一本の鉛筆や一枚の紙は「もの」としてこの現実世界に存在しているが、1という「数」自体はそのような「もの」として現実世界に存在してはいない。現実世界のどこを探しても、1という「数」そのものに出会うことはできないのである。それは、現実世界の中に存在する「もの」たちとはまったく別の仕方で存在している。それは見ることも触ることもできない。それは思考されるかぎりで存在しているのである。点や線にしても同様である。点とは「大きさをもたないもの」であるが、そのようなものは私たちの現実世界のどこにも存在しない。白紙の上に鉛筆で引いた一本の線は、実は数学が考える「線」ではない。どんなにわずかでも幅をもっていなければ私たちはそれを見ることすらできないが、幅をもったものは「線」ではないのである。「線」とは「二点間の最短距離」といわれて私たちが「ああ」と理解する、その当のもののこと以外ではない。

理念の典型としての数学的対象が現実世界の存在とは独立に、すなわち現実世界が存在しようがしまいが、あるいは現実世界の存在が疑わしかろうがどうであろうが、そのこととは無関係にそれ自体として存在していると言ってよさそうなことは、これでお分かりいただけただろう。感覚や知覚を通して接近しうると考えられる現実世界に関わる吟味を終えたデカルトが次に眼を向けたのが、こうした理念の世界なのである。人類が地球上に誕生するはるか以前においても、太陽と月を合わせれば2だったのではないか。そうであれば人類が滅亡した後でも、やはり1＋1＝2でありつづけるのではないか。それどころか人類が存在しようがしまいが、私たち人類にとって現実世界だと思われているこの世界が存在しようがしまいが、やっぱり1＋1＝2であると言ってよいのではないか。この命題の「確からしさ」は、現実世界の存在のそれよりもはるかに程度が高いのではないか。これこそ、もはや「絶対に疑いえない」と言ってもよいのではないか。

だが、デカルトの答えは「否」。その理由は単純である。数学においても私たちは誤りうるからである。しかし問題は、この「誤りうる」ことの射程がどこまで及ぶかにある。単純な計算ミスも「誤り」なら、平行線の公理を無条件に真とみなしたユークリッド幾何学も、非ユークリッド幾何学から見れば一種の「誤り」である。デカルトの考察において、この「誤りうる」ことの射程の長大さは、普段私たちがめったに近づくことのない地点にまで、一気に私たちを連れていってしまう。どういうことか。

議論の構造は、先の現実世界の存在に関わる懐疑と基本的には同じである。ちょうど個々の感覚対象に関して私たちがいつも見間違いや聞き違いをおかしうるのと同じように、個々の数学的問題に関して私たちが誤ることはいくらでもある。足し算に関してすら、計算間違いは日常茶飯事である。だがそれは、これまた感覚における錯覚と同様、そのつど訂正されうるし、現に訂正されてきたはずである。小学校においてはテストでバツをつけられ、会社に入れば「帳尻が合わない！」と上司に怒鳴《どな》られる。このレヴェルでの誤りの可能性のゆえに**個々の**数学的判断（計算や証明）に「絶対に疑いえない」という性格を付与できないのは、先の場合と同様である。また平行線の公理のように、ある時点まで無条件に真とみなされていたものが、実はある前提（この場合は「空間自体はゆがみをもたない」など）を条件としてもっていたことが明らかとなるケースなども、このレヴェルの延長線上で捉えることができる。

欺く神

だが$2+3=5$であることや四角形の辺の数が四であることは、算数を習いたての小学生ならいざ知らず、通常の教育をうけた理性的なすべての人にとってもはや「絶対に疑いえない」と言ってよいのではないか。デカルトが『方法叙説』の冒頭で「良識《ボン・サンス》」の名で呼び、原則としてすべての人に分け与えられていると述べた「理性」の水準器にかけて測るかぎり、どう間違っても２＋３が５でなかったり、四角形の辺の数が四でなかったりすることはありえないのではないか。念のため申し添えれば、このことはたとえば二進法を採用すれば２＋３は５ではないとか、非ユークリッド幾何学では四角形の概念がユークリッド空間と同じようには通用しないとかいうことではない。二進法と十進法がどう違うかは十分に理性的に理解可能だし、両者は互換（翻訳）可能である。同様に、ユークリッド空間と非ユークリッド空間がどのように異なるかも十分理性的に理解可能である。ここで問題になっているのは、そのような「十分理性的に理解可能」なことがらが、それにもかかわらず誤り（偽）であることがありうるかどうか、ということなのである。

ここでもデカルトは、わずかな疑いの余地を見逃さないよう精神の力を最大限に集中して吟味を重ねる。そこで登場するのが、「欺《あざむ》く神」ないし「悪しき霊」である。もしかしたら私たちの世界も、その中に存在する私たちも、そしてその私たちがもっていると考えられている理性も、すべては神が創ったものかもしれない。もちろん方法的懐疑のこの段階では神の存在は証明されていないが、そのことは決して神が存在**しない**ことを意味しては**いない**。神の**非**存在もまた証明されてはいないのだから、もしかしたら神が存在するかもしれない**可**

能性は残ったままなのである（ちょうど、現実だと思われたものが実は夢である可能性がいつまでも残ったままだったのと同じように）。したがって、私たちの理性がひょっとしたらそのような神によって創られたかもしれないと想定する余地は十分にある。ところでその神が「欺く神」であって、私たちの理性をそもそも根本から誤るように仕立て上げたのだとしたら、どうか。２＋３は実は５ではないのに、四角形の辺は実は四つではないのに、私たちにはそうとしか思われないように私たちの理性を仕組んだという可能性はまったくないのか。いや、何もここで神を持ち出さなくともよい。神が人を欺くというのが神の善性からしていかにもありそうもないというのであれば、どこかに「悪しき霊」が潜んでいて、その「悪しき霊」が私たちにありもしないものをあると見せかけているとしたら、どうか。

デカルトはここで再び、すべてが夢であってその夢に私たちは愚弄されているのかもしれないではないかといった言い回しを登場させているが、ここでは私たちの理性が根本から誤っている可能性が問題となっている以上、もはや私たちはその状態から「醒める」可能性を原理的に奪われている。「醒める」可能性さえ根本から断たれたところで今や懐疑が遂行されているのだから、それはもはや夢ではないと言うべきである。夢でないとすれば、いったいいかなる状況の中に私たちは置かれているのか。ここで問題になっているのが理性の全面的誤謬である以上、それには「狂気」という名前しか残されていないのではないか。理性がその根元から、大もとから「狂って」いる可能性が検討されているのだ。

「私はある」

もはやこの時には、「真理」に接近するあらゆる途は断たれているように見える。感覚も理性も今や信用してはならないのだとすれば、ほかに何が私たちに残っているというのか。もはや私たちのもとには「本当らしく＝真理らしく思われるもの」はあっても、「絶対に疑いえない」ものは何ひとつ残っていないのではないか。すべては疑わしさの闇の中に没し去ろうとしているのではないか。方法的懐疑は今や夢の想定から狂気の想定へと一段階その疑いの勢位を高めて、すべてをその内に呑み込もうとしている。

だがこの時、デカルトは次のことに気付いたというのである。もし私たちの理性がそのように根本から欺かれ、狂ってしまっているのだとすれば、少なくともそのようにして理性を欺かれた私は存在しているのでなければならないはずではないか。そうだとすれば、「私はある、私は存在する」ということだけは、今や「絶対に疑いえない」と言ってよいのではないか。『省察』のもっとも有名なこのくだりを本書も引用しておこう。

〔今や私は次のように想定している、すなわち〕誰かしら或るこの上なく力能があり、この上なく狡智にたけた欺瞞者がいて、故意に私をたえず欺いている。だが、もし彼が私を欺いているのならば、そうであればこの私がすでにあることはもはや疑うことができない、彼は私を力のかぎり欺くがよい、しかし彼は決して、私は何ものかであると私が思考するであろうかぎりで、私が無であるとすることはできないであろう。かくしてすべてをこのように十二分に熟考した上は、その極まるところとして次の言明、すなわち〈私はある、私は存在する〉は、私によって言い表わされ、あるいは精神によって捉えられるそのたびごとに、必然的に真であると結論されねばならない。（M一二七頁／四四―四五頁）

しばしば、この個所の終わり近くに登場する「〈私はある、私は存在する〉」とその直前にある「私は何ものかであると私が思考するであろうかぎりで」を結びつけて、「私は考える、ゆえに私は存在する（cogito, ergo sum; je pense, donc je suis）」が方法的懐疑の果てにデカルトが辿り着いた最終的命題だと言われる。そして実際彼自身も、『方法叙説』や『哲学原理』ではそのように述べている（括弧の中の前半のラテン語表記が『哲学原理』での、後半のフランス語表記が『方法叙説』でのものである）。しかし誰でもすぐ気付くように、「私は考える、ゆえに私は存在する」が一見すると「ゆえに」で繋がれた推論のように見えるのに対して、『省察』での表現はそのような推論のかたちをとっていない。そうではなく、先の命題の「私は考える」の部分は、「私は何ものかであると私が思考するであろうかぎりで」という限定の文章として、「私はある、私は存在する」を修飾・限定しているのである。『省察』にしたがうかぎり、方法的懐疑の果てにデカルトが到達した命題は「私は考える、ゆえに私は存在する」ではなく、先の限定をともなったかぎりでの「私はある、私は存在する」なのである。そして『省察』こそがデカルトの思考の最も厳密な表現であって、『方法叙説』や『哲学原理』はそれのいわば一般向け普及ヴァージョンなのだから、私たちもまたここで『省察』の表現に細心の注意を払いつつ、対話を進めてゆかなければならない。

そのような目でここでの結論めいた言明「私はある、私は存在する」を眺めてみると、それは決してデカルトの最終到達地点を示してはいない。いや正確に言い直すと、この命題のもとにいったいどのような事態を理解すべきかは、いまだまったく明らかではないのだ。彼自身、今引用した一文に続いてただちに、次のように念を押している。

しかしまだ十分に私は、現に必然的に〈ある〉と結論された私、その私がいったい何ものであるかを理解していない、したがって今後は、もしかして何かほかのものを不用意にも私と取り違え、かくしてすべての認識の内でも最も確実で最も明証的であると私が主張するこの認識においてすら正道《みち》を踏み外すことのないように心しなければならない。（M一二七頁／四五頁）

つまり、先の言明に登場する「私」や「ある＝存在する」を、私たちに既知の、ふつうの意味にとってはならない、というのである。普通の意味にとってよいのであれば、この言明は紛れもなく方法的懐疑の終着点を示す結論として、これをもって「絶対に疑いえない」ものを求めての探究は終わるはずである。ところが彼は、まだ十分自分はこの言明を理解していないと述べて、この言明の登場する「第二省察」のほとんどすべてをこの言明の解明にあてるのである。これはすなわち、方法的懐疑の到達地点を示す最終的な言葉は、先の言明をもってしてもいまだ述べられていないということにほかならない。私たちはここで彼とともに、方法的懐疑を歩みぬくことではじめて姿を現わしつつある「私」や「ある」のまったく新たな意味に直面しているかもしれないのだ。今しばらく、彼とともに歩んでみよう。

3 「私」とは何か

「私」は人間ではない

普通「私」といえば、それは人間であるかぎりでの一人の人物の誰か、その当人のことと理解されるだろう。ところがデカルトは早速、私とは人間のことではない、と言うのだ（M一二八頁／四五頁）。方法的懐疑の極点で出会っているものは人間ではありえない。なぜなら人間とはこの現実世界の中に存在するものたちの一種であって、しかも理性を備えたものということになっているが、そのような現実世界の存在や理性といったすべてが夢と狂気の想定の下で潰《つい》え去った地点に私は立っているからである。むしろ私といった時に真っ先に思い浮かぶのは、この手、この足、この顔つきといった特定の身体のことではないか。その方が、私とは人間のことであるという対応よりもよっぽど、いま・ここにある何か生々しいものを言い当ててはいないか。だが、特定の身体と言ってみても駄目である。すでに夢の懐疑において明らかになったように、私は夢の中で空を飛ぶ身体をもっていたり、目が醒めてみれば似ても似つかない美男美女であったりもするのである。それらはすべて欺かれているかもしれず、それどころか私は身体など持っていないのに、あたかも持っているかのように思い込まされているのかもしれないのだった。

かくして「私」は、人間でも**この**身体のことでもない。ではいったい「私」とは何のことか。「私」ということで思い付くものをひとわたり列挙し、それらを斥けた後、あらためてデカルトは問う。「思考すること（cogitare）」はどうか（M一三〇頁／四七頁）。このように思いを巡らしつつ、再び彼は先ほどの「私は何ものかであると私が思考するであろうかぎりで」という限定に戻ってゆく。「ここに私は見つけ出す、思考（cogitatio）がそれである。ただ思考だけが、私から引きはがすことのできないものである」（同頁／同頁）。だが、彼はここでもただちに問い直すことを忘れない。「私」とはそのような「思考するもの（res cogitans）」であり、それを「精神」、「心」、「知性」、「理性」と言い換えてもよいが、「それらは以前には私にその意味が知られていなかった言葉、つまり単なる音なのである」（同頁／四八頁）、と。今や「私」とはそれのことだと言われた「思考」や、それを言い換えたさまざまな言葉が与えられているが、それらはさしあたり「単なる音」にすぎず、それらが正確には何を意味するかがあらためて問われなければならないのである。

そこで彼は「思考するもの」とはどのような「もの」なのかを、想像力を駆使して捉えてみようとする。ところが、この試みはことごとく失敗せざるをえない。なぜなら何らかの「もの」を想像しようとすれば、それは私たちが「物体」としてすでに知っている「もの」の像を形成することにしかならないからである。ところが方法的懐疑の極点で出会った「私」は、そうした「もの」のいずれでもなかった。ここでデカルトは「もの」を物体のレヴェルにかぎって考察し・斥けているが、事情は物体のように知覚される現実世界に属すと想定されているものにおいてばかりではなく、理念的な世界においてもかわらないはずである。「美しさ」や「1」や「三角形」も、そのように思考されているところの「もの」、この意味での「思考対象」にほかならず、それらがそのように思考されているにもかかわらず私たちが欺かれている可能性が、あの狂気の懐疑だったからである。その時には、思考された「もの」もまた疑わしいのであった。したがって、「私」はいかなる意味でも「もの」ではないのだ。それにもかかわらずデカルトが「私」とは「思考する**もの**」であるという考えを完全には放棄していない点に、あるいはその放棄を明言していない点に、誤解（場合によってはデカルト自身による自己誤解）を呼び込む危険が忍び寄っているのだが、今この点は措く。というのも彼の思考は、「私」とは「もの」のことではないという洞察をさらに一歩先へと進めてもいるからである。

「思われる」こと、「感ずる」こと

「私」とは想像力が私に見せてくれる何らかの「像」としての「もの」ではないことを確かめたデカルトは、ひるがえってむしろ「私」とは、その想像する力をも含めて、疑ったり、理解したり、意志したり……**する当のもの**のことだと言う。引用しよう。「私」とは「疑い、理解し、肯定し、否定し、意志し〔欲し〕、意志せず〔欲せず〕、また想像もし、そして感覚するところの当のものなのである」（M一三二頁／四九頁）。この「当のもの」を彼はもう一度言い換える。それは、先の「想像されたもの」との対比で言えば（言うまでもなく、こちらは斥けられねばならない）、「想像する**力それ自体**」（M一三三頁／五〇頁）だと言うのである。今や明らかであろう。デカルトはついに、「私」とは想像したり、感覚したり、疑ったり、理解したり……するそのような「力」ないし「働き」それ自体であることを突き止めた、と言っているのである。こうして私の見るところ、方法的懐疑の到達点をはっきりと示す決定的な言葉が述べられるにいたる。まずはそのくだりをまとめて引用しておこう。

> 今、私には何かが見える**と思われ**、聞こえる**と思われ**、暖かい**と思われる**というこのことは、確かである。この〈……と思われる〉というそのことは偽ではありえず、このことが本来私において〈感ずる〉と呼ばれていることなのである。そして、このように一般に〈感覚する〉と呼ばれている事態からその新たな意味を抽《ひ》き出すなら、〈感ずる〉というこのことこそ、〈思考すること〉そのことにほかならない。（M一三三頁／五〇―五一頁）

この引用の前半で「思われる（videor）」と述べられている事態こそ、「私」の正体なのである。何かが何らかの仕方でそのようなものと「思われ」たのであれば、そのような「思われ」の中で「思われ」た「もの」が実は「思われ」た通りの「もの」ではなく、そのかぎりで欺かれていようとも、現にそのように「思われ」ていること**そのこと**は、もはや「絶対に疑うことができない」と言うのである。ここで「思われる」と言われている事態こそ、「私」の本質（正体）だとされた「思考すること（cogitare）」の内実なのである。ここでデカルトは、もはや「私」を思われた「もの」とも言っていないし、思う「もの」（＝「思考するもの（res cogitans）」）とも言っていないこと、あくまでそれを「……と思われる」という「思う**こと**」（正確には、単に「思う」）として捉えている点を見逃さないでほしい。

この決定的な言葉に続いて引用の後半でデカルトが、この「思われ」を「感覚すること＝

感ずること（sentire）」と呼び換えている点も、注目に値する。ここで「思われ」の別の表現としてあらためて言及された「感覚すること」は、もはや方法的懐疑の最初の段階で斥けられたそれではありえないことに注意しよう。それは今やまったく新しい意味をまとった「感覚すること」なのである。この区別をいささかなりとも示すために、この新しい意味におけるそれをここでは「感ずること」と訳しておいた。この言い換えに注目するのは、すでに「思われる」という表現の中にも孕まれていたある種の受動性、「思考する」という言葉の中では能動性が前面に出てしまうために聴き取ることのできないある種の受動性が、この究極の事態の中に読み取られている点を考えてみたいからなのである。また、「思考する」と言うと通常の意味での理性的な営みに限定されてしまうおそれがあるが、それを「感ずる」と言い換えることは、その限定を取り除くことを意味するからである。私の**存在**そのものが、「感ずること」なのだ。だがこれらの点をあらためて考えてみることは次章に譲り、ここは今しばらく先の引用のくだりに考察を集中しよう。

デカルトが方法的懐疑の頂点において出会ったというある「絶対に疑いえない」ものとは「思考すること」そのことであり、それは「私には……と思われる」ということにほかならず、それを彼は今やあらためて「感ずること」と言い直していることをここで確認した上で、少し立ち止まって考えてみたいことがある。デカルトの残した言葉（亡骸）と対話を交わしてみたいことがあるのだ。それは、この地点で彼が出会った「私」なるものの新たな意味が今見たような「思考すること」そのことだとすれば、先の最終命題「私はある、私は存在する」は「〈思考すること〉がある、〈思考すること〉が存在する」と読み換えられねばならず、この読み換えと、普通私たちが「私はある、私は存在する」という命題から読み取り・理解するものとは、似て非なるものだという点である。しかもこの違いを、デカルト自身が最後まで厳密に維持し続けたかどうかに関して、疑問が残るのだ。

「私」はいかなる「もの」でもない

まず、方法的懐疑のこの地点では、「私」は現実世界の一員としてのそれではありえないことは、先にデカルトとともに確認した。それは人間であるかぎりの一人物のことでもなければ、今ここにあって見えたり・触れられたりしているかぎりでの**この**身体のことでもなかった。一般に「私はある」といえばこれらの意味に解されるだろうが、そのような理解が成り立たないことは何度も確認されてよい。デカルトの最終命題「私はある」は、この現実世界の内に存在する特定の一人物が自分自身のことを指して、そのような自分が存在することのみが唯一「絶対に疑いえない」ことだ、と主張しているのではまったく**ない**。たとえば斎藤慶典が自分自身を指してこの命題を述べたとしても、それはデカルトの最終命題が表現しようとしていることとはまったく別のことを意味しているにすぎない。したがってもちろん、私たちが歴史上の一人物として知っているデカルトが自分自身のことを指して、この私が存在することだけは唯一「絶対に疑いえない」と主張しているのでもない。

だが、今ここで立ち止まって考えてみたいのは、もう一つ別の問題である。今や「私」は現実世界の一員としてのそれではなく、端的な「思考すること」、「感ずること」である。今「端的な」とわざわざ述べたのは、普通「思考すること」といい「感ずること」といえば、それは世界内の一人物であるかぎりでの人間としての私が行なうふるまいのことを意味してしまうからである。そのような理解を禁ずるための符牒が、この「端的な」だと考えていただきたい。デカルトが言わんとしているのは、「思考し」たり、「感じ」たりするのが人間としての私であるか否かは疑おうとすればいくらでも疑えるのに対して、いま・ここに端的に「思考する」、「感ずる」という事態が出現してしまっていることだけはいかにしても疑うことができない、ということなのである。

実は「いま・ここに」という表現も危険である。普通「いま・ここ」といえば、それはこの現実世界の内部の特定の時刻と特定の場所を指してしまうからである。二十一世紀初頭の日本のどこか、といったように。そのような世界内の特定の時刻や場所ではなく、**それ**との関係ではじめて「いま・ここ」がたまたま世界内の特定の時刻や場所であったり、そうでなかったり（たとえば夢の中のそれのような）するような「いま・ここ」を示す「端的な」なのである。そうした端的な「思考すること」、「感ずること」をデカルトが、その「端的さ」をあくまで維持したままであるにせよ、「思考する**もの**」、「感ずる**もの**」としての「私」へとただちに結びつけてしまうことの内に、何か重大な取り違えが生じていないかをあらためて考えてみたいのである。先に引用した決定的な文章の中では一度も「思考する**もの**」としての「私」は登場しないにもかかわらず、この決定的な文章を含む「第二省察」での成果を今一度確認する「第三省察」冒頭のデカルトは、ふたたび「私は思考する**もの**である」と明言してしまうのだ（M一四一頁／五八頁）。

先にも見たように、想像力を駆使して「思考すること」、「感ずること」とは何かを捉えようとする試みはことごとく失敗せざるをえないことを、彼自身見て取っていたはずである。そのような試みは、どうしてもそこに「思考する**もの**」、「感ずる**もの**」の像を構成することになってしまい、そのようにして像として私たちの前に姿をあらわした「もの」は、もはや端的な「思考する**こと**」、「感ずる**こと**」では**ない**、と彼は考えたのである。彼のこの洞察をこそ、堅持すべきではないか。方法的懐疑の最終的な到達地点は、「もの」として像化することのないある事態を指し示していたのではないか。ところが、「私」を「思考するもの」とただちに等置してしまう彼のここでのふるまいは、すでに懐疑の最終的な到達地点からの一歩後退ではないか。

確かに端的な「思考すること」は、それだけでいわば中空に浮かんでいるわけではない。端的な「思考すること」は、それが成り立つための不可欠の要素（メンバー・構成員）として、それを「思考する**もの**」とそれによって「思考された**もの**」を、それらが端的なものであるかぎりで（つまり、それらが世界内の一人物なのか、物体なのかといったこととは独立・無関係に）含んでいる。そして通常の場合であれば、この「思考するもの」に「私」の名前が与えられるだろう。だがデカルトが言わんとしたことは、端的な「思考すること」こそが「私」の正体だ、ということではなかったか。つまり端的な「思考すること」の内にその不可欠のメンバーとして含まれている「思考するもの」が「私」なのでは**なく**、「思考するもの」と「思考されたもの」の両者を含んだ一つの統一的な事態としての「思考する**こと**」こそが「私」だったのである。そのような「私」のみが「絶対に疑いえない」のである。そうであれば、そのような「私」を「思考する**もの**」と言い換えてしまうことは明らかに一種の取り違えである。「思考すること」の成立にとって「思考するもの」と「思考されたもの」がその不可欠の部分をなすとしても、「思考すること」なしに「思考するもの」や「思考されたもの」が存立することはここではありえないのだから、「思考すること」の方が「思考するもの」や「思考されたもの」を内に含みこんだいわば上位の事態なのである。このことは、後二者の内にはすでに「思考」すなわち「考えること」が含まれてしまっていることからも見てとれよう（「思考するもの」、「思考されたもの」）。「考えること」なしには、それらは成立しえないのである。ところが「私」を「思考するもの」と言い換えてしまうデカルトのふるまいは、この上位の事態を下位の構成メンバーと取り違えさせてしまう。

「何かしら或る、私のそのそれ」

では、あくまで「思考するもの」とは区別された「思考すること」とは何か。さしあたり言葉の上では両者は区別されている。だが、「思考すること」そのことをそれ自体として考察することは本当にできるのか。この疑問をもっと簡潔に言い直せば、「思考すること」を「思考すること」はできるのか。それは結局のところ、何らかの「思考**されたもの**」を「思考すること」にしかならないのではないか。方法的懐疑の極点において究極の事態（「絶対に疑いえない」もの）として名指された「思考すること」は、実はそれ自体としてはいかにしても「思考すること」ができないものだったのではないか。それは、主題として浮かび上がった「思考されたもの」の背後にあたかも「地《じ》」のように引くことによってのみ、自らを成就する事態なのではないか。「地」であるかぎりでのそれを見ようとしても、見て取られた時にはそれは「図」になってしまっているのだから、この意味で「決して見えないもの」、それをデカルトは「決して像とならないもの」と呼んだのではなかったか。このことを彼ははっきり自覚していたように思われる。先に引用した〈「私」は「思考すること」、「感ずること」にほかならない〉とする決定的な文章の直後で彼は、そのような「私」に対して「想像〔力〕の下には〔決して〕入ってくることのない、何かしら或る、私のそのそれ」（M一三三頁／五一頁）という、一見不可解な、きわめて慎重な言い回しを用いているのである。

彼が「私」の名で呼んだものがいかにしても想像力の対象とならないこと、つまり「もの」として像を結ぶことがないことの指摘は重要である。というのもその指摘は、先に本書が「思考すること」の不可欠のメンバーとして「思考するもの」と「思考されるもの」を挙げた点について再考を促してくれるからである。「思考**される**もの」なしに「思考することと」は成り立たない。この点は動かないだろう。「思考する」とは**何かを**思考することなのだから。そしてその「何か」とは、「思考**されるもの**」以外ではありえないのだから。だが、「思考すること」にとって「思考**するもの**」は不可欠だろうか。この点を再考してみなければならない。

「思考するもの」は、それが「もの」として像化されている以上、すでに「思考されるもの」（思考の主題、「図」）なのであって、その時今や「思考されるもの」となった「思考するもの」（「図」となった「思考するもの」）と対になっているのは、あくまでその「地」として「見えない」ままにとどまっている「思考する**こと**」なのではないか。「思考するもの」について何かを言いうるためには、それはすでに「思考されるもの」（「図」）でなければならないのだから、絶対に疑いえない究極の事態とは、先に述べたような〈「思考すること」の下にそのメンバー・構成員としての「思考されるもの」と「（それを）思考するもの」が対になること〉では**なく**、〈「思考すること」と「（そこにおいて）思考されるもの」の対〉ではないか。そしてこの後者の事態においては、「思考すること」は「思考されるも方法的懐疑の極点において「見えるもの」として残っているのは「思考されたもの」のみなのである。

だがその「見えるもの」は、それが「図」としてそこにおいて浮かび上がる「地」としての「見えるもの」を支え、「見えるもの」にその存立の場所を提供する「思考すること」なしにはありえないのであり、このような仕方で「見えるもの」としての「思考されるもの」を包摂している「思考すること」こそが究極のものとされたのである。唯一の「見えるもの」である「思考されるもの」がそのようなもの（「思考されるもの」）でありうるのは、あくまでそれが「思考」すなわち「考えること＝思考すること」の圏内にある時のみなのだから、「思考すること」こそがすべてを包摂する究極のものなのだ。

このように捉えることができるとすれば、「思考するもの」はあくまで「思考されるもの」の一種であって、〈「思考する」ためにはそれを「思考するもの」がなければならない〉というある種の要請にしたがってはじめて登場するものであり、決して方法的懐疑の最終的な地点に残るものではない。実はデカルトは、〈（たとえば「思考する」といった）何らかの「作用」、「働き」には、その作用の「遂行者」（この場合であれば「思考する者」）がなければならない〉というこの種の要請ないし前提が方法的懐疑の中に入り込んでいることを、あるところで認めている（『方法叙説』（D四五頁／四六頁）や『哲学原理』（P四一頁／八二頁)。だがこうした要請は、方法的懐疑の徹底した精神に照らせば、決してここに入り込んではならないものではないか(デカルトも『省察』「第二答弁」ではそうした前提を拒否している。つまりこの点に関して彼自身の中に動揺が認められるのだ)。たとえばそれは、「稲妻が走る」といったある作用(大気中を電気が流れるというある働き)にはその「遂行者」がなくてはならないとして、「カミナリ様」(雷神)を要請するようなものなのである。

ここで必要なのは、作用の外にあって当の作用を引き起こす原因であるような「遂行者」ではなく、それ自身が「稲妻が走ること」**である**ような何か、それ自身において「稲妻が走ること」が実現されているようなある「媒体」になりきることである。この「媒体」は、それがまさしく媒体として機能しているかぎりで、決して「もの」でもなければ「見えるもの」でもない。**それを通して・そこにおいて**、「もの」が「見える」のである(この場合であれば、「稲妻が走る」のである)。今「媒体」と呼んだこの「それを通して」、「そこにおいて」を、本書は先に「地」と呼び、「場所」と呼んでみたのである。

このようにそれ自身が「見えること」そのこと**である**ような何か、それ自身が「思考すること」そのこと**である**ような事態、それをデカルトはあらためて「私」と呼んだのではないか。それは決して、「見えるもの」、「思考されるもの」の外部にあってそれを「見てとる」、「思考する」それ自身も一個の「もの」であるような誰か(「見てとる者」、「思考する者」)のことではない。これが、「私」とは「思考すること」そのことだ、というデカルトの奇妙な命題が言い当てようとしていた事態なのである。

なぜ「それ」は「私」なのか

では、このようなある種の事態に彼が「私」という名を与えたのは、いかなる理由によるのだろうか。彼自身の議論は、これまでにも見たようにしばしば「もの」としての私（「思考するもの」としての私）と区別がつかなくなるので注意が必要だが、私たちはここで、ある作用ないし働きの「遂行者」としての「私」と、そのような作用ないし働きそのもの（遂行することとそのこと）**である**ような「私」を厳密に区別した。前者においては「遂行すること」とそれを「遂行するもの（者）」は別ものだが、後者においては「遂行すること」と「私であること」とは完全に重なり合っており、区別がつかない。「遂行すること」と「私（であること）」とはまったく同じことなのである。そしてこの後者の事態にこそデカルトは「私」の名を与えたのだとすれば、それは「遂行すること」の**端的さ**の表現であることを措いてほかには考えられないのではないか。先に私たちが厳密に言い直したそのかぎりにおける「いま・ここ」での端的さである。世界内部の特定の時刻や場所としての今やここ（たとえば、二十一世紀初頭の日本のどこか）が**それを通して・そこにおいて**はじめてそのような規定を受け取ることになる、あの**端的さ**である。

なるほど私たちが日常用いる「私」という言葉の中にも、単に世界内の一人物という意味ばかりでなく、そのご当人という意味でのある種の端的さ、すなわち直接性ないし臨在性・臨場感のごときものの響きが聴き取られうる。この直接性や臨在性を、〈誰か（という「人物」）が何か（という「もの＝対象」や「事態」）に居合わせている・じかに接している〉という意味から解放して、あらためて用いるのである。さらには、「私」という「実体」（主語）――すなわち、それ自体で存在する「もの」――に何らかの「属性」（述語）――たとえば、何らかの作用や働き――を帰属させることをやめるのである。したがってこの意味での「私」に関しては、もはや「私はデカルトである」とか「私は思考する」という言い方は成り立たない。それどころか「私は存在する」という言い方すら、普通に解すればそれは「私」という主語（実体としての「もの」）にその属性（性質）として「存在する」という述語を帰属させること以外ではないのだから、ここでの「私」には使えない用法である疑いが濃厚なのである。それに比べれば（「私はある」でも「私がある」でもなく）「私**である**」の方が、ここでの端的さの表現にはよりふさわしいと言うべきなのかもしれない。その場合、普通の意味ではこの表現はほとんど理解不能となるが、ことが「私」のまったく新たな意味にかかわっているのであれば、むしろ普通の意味では理解できないほうが好都合かもしれないのだ。

こうしたことが、あの最終命題にあらわれた「私」や「存在する」、それらの彼自身による言い換えである「思考すること」や「感ずること」が挙げて言わんとしていることではないか。それは私という「思考するもの」が「存在する」ことでもなければ、「思考すること」、「感ずること」という事態がどこかに「ある」と言っているのですらない。そうではなく、「私」や「存在する」や「思考する」や「感ずる」はすべて**同じひとつのこと**を言い表そうとしているのであり、それらの言葉の共通の源泉を指し示しているのである。舌足らずな表現ではあるがあえて書いてみれば、「私」＝「ある」＝「思考すること」＝「感ずること」とでもなるだろうか。

くどいようだが、これは「私はある」ということでもなければ「私は思考する」ということでもない。そうではなく、等号でつながれたその各々が、すべて**同じひとつのこと**を指し示しているのである。そしておそらく、その「同じひとつのこと」に固有の言葉はいまだ見い出されていない。それをあえて名指そうとすれば、現にデカルトがそうしたように「何かしら或る、私のそれ」（M一二三頁／五一頁）とでも言うしかなく、これでは文字通り何のことかわからないのである。今「固有の言葉は**いまだ**見い出されていない」と述べたが、およそ何ものかに言葉を与えることはそれを可視化すること、「見えるもの」にすることである以上、あの「像」化することにほかならず、デカルトが懐疑の果てに逢着した事態がそのような「像」化にふさわしくないものだったとすれば、それに固有の言葉などそもそも**ない**ことになろう。だが、そのような事態に直面しているのだとすれば、それが「絶対に疑いえない」などとどうして彼は言うことができたのだろうか。

「思われること」は「絶対に疑いえない」か

このことに関連して本章の最後に、デカルトが明示的には思考しなかったもう一つの問題を考えておきたい。方法的懐疑の終着点において出会ったものに彼は「私」、「ある」、「思考すること」、「感ずること」という名を与え、それらの端的さこそ「絶対に疑いえない」と論じた。これをもう少し具体的に言い直すと、たとえば「1＋1＝2であると私には思われること」は、かりに1＋1が実は2ではないとしても、それがそのように思われているかぎりで端的に存立しており、この存立を疑う余地はもはやどこにもないということである。「思考すること」とは、「私には……と思われること」にほかならない。だが、このときの「私には」という部分に現われる「私」は、普通にそれを解すれば「……」（たとえば1＋1＝2）という「思われるもの」をそのように思っている「私」、すなわち「思う者」としての私以外ではないであろうから、デカルトが「思考すること」そのことと等置した「私」ではない。したがって本章の考察に従えば、「思考すること」とは（先の表現から「私」を脱落させた）「……と思われること」に等しい。「私」とは「……と思われる」の端的な存立のことなのである。ここまでは、これまでの考察の確認である。

ここで考えてみたいのは、そのような「私」すなわち「……と思われること」はデカルトの言うように本当に「絶対に疑いえない」のだろうか、ということである。いま彼が立っているこの地点は、方法的懐疑が夢と狂気の想定をへて、もはやこれ以上高まることができないほどにその強度を高めているその地点である。ここでは、私たちの理性がその根本から欺かれている可能性が想定されている。そうであれば、「……と思われること」そのこともはたして無傷でいられるだろうか。「……と思うこと」すなわち「思考」こそ理性そのものではないのか。その理性が今や根本から欺かれているのかもしれないのだとすれば、「思われること」そのことが実は「思われること」でも何でもなく、何かまったく別のものである可能性が成り立ってしまうのではないか。それが「欺かれる」ということではないのか。もしそうだとすれば、「思われること」すなわち「思考」そのものも欺かれている可能性があるのであって、もはや「……と思われること」のみが唯一「絶対に疑いえない」とは言えなくなってしまうはずである。「欺く神」の力能をもってすれば、「思うこと」すなわち「思考」のいわば文法を破壊することも可能ではないのか。

そのように思われる。だが、ここでもう一度立ち止まらなければならない。私は今「そのように**思われる**」と言った。これはすなわち、「思われること」の文法が破壊されている可能性もまた、「思われる」ことの中でしか視野に入ってこないということである。では、ここで再びすべては「思われる」の内に回収され、「思われる」ことの不可疑性は揺らぐことがないのか。そうではない。「思われること」の文法が破壊されている可能性に思い到ることは「思考」にとって可能だが、ではそれがどういう事態なのかはもはや「思考」には理解できないのである。もしそれが理解できるのであれば、その時にはそれもまた間違いなく「思われること」の内にある。だがその「思われること」すら破壊されているのだとしたら、それがどういうことなのかはもはや思考不可能なのだ。「思われること」の文法が破壊されているとはこのような事態のことなのである。

したがってそれは、〈「思われること」の文法が破壊されている可能性があり、その時にはもはや「思考」が不可能であることは確実である〉と言っているのでは**ない**。そうであれば、そのような「思われ」（前文の〈　〉の部分）それ自体は保存されていることになってしまうからである。そうではなく、そのような「思われ」が全体として、言ってみれば宙に浮いてしまうのだ。つまりそこでは「確実である」とか「確実でない」とか、「絶対に疑いえない」とか「いや、疑いうる」とかいったことのすべてが、もはや機能しなくなってしまうのである。

思考の限界に立つ思考

だがデカルトのあの極限まで誇張された「並はずれた懐疑」は、このような事態までをその射程に収めてしまっていたのではないか。そうだとすれば彼はその懐疑の極点で、もはや「絶対に疑いえない」ということを云々することのできない次元に「思われ」が曝《さら》されてしまうような地点に立っていたことになる。だが、私たちにとってはすべてがこの「思われ」

の中でしか姿を現わさないこともまた、確かである（もちろん、この「確か」ということも「思われ」の中でのみ有効に機能する）。「思われ」の外部が「ある」と言ってはならない。「ある」と言えるのであれば、それはすでに何らか理解可能なものなのであり、実は「思われ」の内部なのである。したがって「思われ」の外部など「ない」と言わねばならない。言うまでもなく「ない」も有意味なもの・理解可能なものであり、かくしてすべては「思われ」（の内部）なのである。**その時にのみ**「思われ」は、自らが破壊されている可能性に直面したことになるのだ。デカルトは図らずもこのような地点に立ってしまったのではないか。

その時「思われ」は、すべてがそこにおいてのみ姿を現わす「世界の母胎」、この意味での「世界の起源」であり続けたまま、もはや「絶対に疑いえない」「岩盤」では**ない**のである。「思われ」という世界の最終的な「故郷」は、そのまま、もはや「思われ」ですらない「深淵」に浮かぶのだ。「思われ」は、そのような思われとして姿を現わしているまさにそのままで、何か分からぬまったく別のものであるかもしれず、あるいはひょっとしてそもそも何ものでもないのかもしれないのである。そしてこの想定自体が再び「思われ」としてしか姿を現わさない以上、この想定もまた「絶対に疑いえない」とは言えないのであり、このように言う言明もまた然り……以下同様なのである。ここが、方法的懐疑の果てにデカルトが立った地点なのだ。

この時には、もはや何かの「ありのままの姿」としての「真理」という考え方も機能しなくなっている。当初よりデカルトの念頭にあったと思われる「真理」の建築術としての思考は、今や磐石の土台としての「絶対に疑いえない」ものが宙に浮いたままである以上、もはや有効に機能しないのである。だが彼が思考を放棄したわけではないこともまた、忘れてはならない。むしろ彼はここで「真理」の建築術としての思考から、何ものかが「思われ」において姿を現わし、そのかぎりでつねに「思われ」のありえない外部に接してしまうような、つまりは思考の限界に立ち尽くす思考へと、自ら変貌したのである。それは、思考において獲得されたものを自らの上へと高く積み上げてゆくような思考ではなく、みずからの足元にぽっかりと口をあけている見えない深淵に何度となく立ち戻り、いわばそこに蹲《うずくま》るようにして思考の言葉を紡いでゆくような思考である。

いったいこの思考の言葉は、**どこに向けられているのだろうか**（ここで序章第1節の問題提起を想い起こしていただきたい）。みずからに言い聞かせる言葉のようにも、無の深淵に捧げられた言葉のようにも響くこの言葉は、むしろ祈りの言葉に似ていないだろうか。私たちはこの点を次章であらためて考えてみることになるだろう。

「われ思う」のは誰か、と題された本章を、その表題に即してまとめておこう。「われ思う」のは誰か。この問いを普通の意味で解すれば、それは言うまでもなくその都度の私である。つまり、デカルトであったり、斎藤であったり、あなたであったりする私である。だがデカルトが「私」の名で呼んだものは、そのような私ではなかった。それは「思うこと」そのことと完全に重なり合い、等しいような「私」であった。それは「思うこと」の遂行者（つまり「思うもの」）のことではなかったのである。そして「誰か」と問う問いが「思う」という行ないを遂行する人物を問う問いでしかない以上、デカルトにおいてこの問いに答えることはもはやできない。この問いに答えはないのである。

彼は、「1＋1は2だと思われること」、総じて「……と思われること」以外に世界の・すべての「起源」はないことを示したのであり、そのことは「思う」のが誰であるかということとは独立に、すでに端的に成立してしまっていることを示したのである。かくして、今や次のように言わねばならない。「われ思う」のは**誰でもない**のだ。

第二章　「われ思う」に他者はいるか

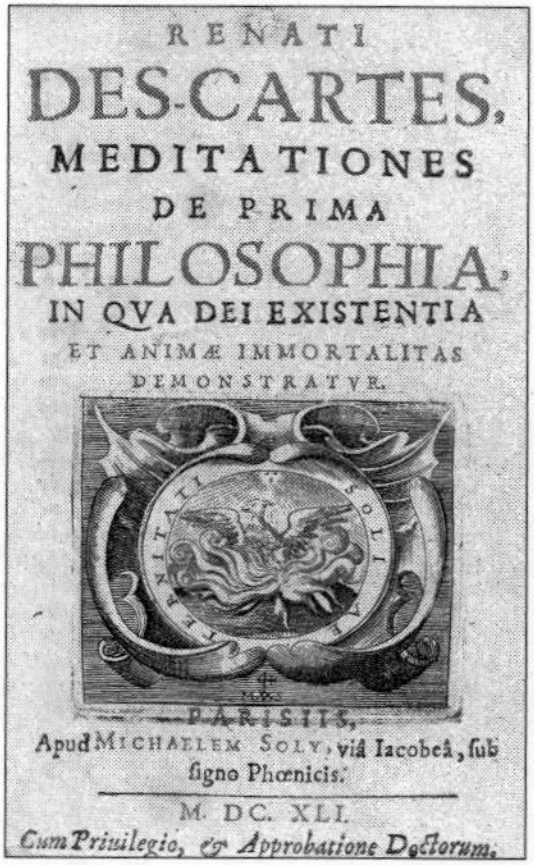
RENATI
DES-CARTES,
MEDITATIONES
DE PRIMA
PHILOSOPHIA,
IN QVA DEI EXISTENTIA
ET ANIMÆ IMMORTALITAS
DEMONSTRATVR.

PARISIIS,
Apud MICHAELEM SOLY, viâ Iacobeâ, ſub ſigno Phœnicis.

M. DC. XLI.
Cum Priuilegio, & Approbatione Doctorum.

『省察』初版（1641年）

1　観念の起源へ

「思われたもの」の解明

前章の最後に確認したように「われ思う」のは誰でもないのだとすれば、そのような何ものでもないものにとって「他者がいるか」と問うことは無意味に思われるかもしれない。だがそうではない。もはや誰でもない単なる「思うこと」としての「われ思う」には、他者の痕跡が残されている可能性があるのだ。しかしそこで言われている「他者」とは、いったい誰のことか。それはいったい何のことか。この点を考えるのが本章の主題である。

さて、「思うもの」としての「私」を徹底してその「思うこと」において解明したデカルトは、続いてそこにおいて「思われたもの」の解明に向かう。「思うこと」なしには「思われたもの」はありえないが、「思われたもの」なしの「思うこと」もまたありえないのであってみれば、「思われたもの」が「思うこと」の本質に関与していることは明らかだからである。「思われたもの」の解明は、「思うこと」の解明のさらなる掘り下げなのである。彼は、「思うこと」におけるこの「思われたもの」を「**観念**（idée）」と呼ぶ。「思われたもの」の解明は、「思うこと」の内に与えられているさまざまな観念の解明なのである。それは具体的には、このような観念にどのような種類のものがあるかを吟味するというかたちをとる。彼はまず、観念を次の三つに大別する。「本有《ほんゆう》観念」、「外来観念」、「作為観念」である。順に見ていこう。

「本有観念」とは、「思うこと」の内にはじめから含まれている観念であり、したがってそれが何であるかを「私」は（つまり「思うこと」は）「私」自身から直接理解することができる。デカルトはここで「〈もの〉とは何であるか、〈真理〉とは何であるか、〈思う〉とは何であるか」をその例として挙げている（M一四六頁／六二頁）。「思うこと」は必ず**何か**を、つまり「思われた**もの**」を「**思う**」ことなのだから、「もの」と「思う（思考の働き）」は「思うこと」の内にはじめから含まれている。また「思うこと（考えること）」は何よりもまず「真理」を目指して遂行されるのだから（たとえば「1＋1＝2と思う」のであれば「真」であり、「1＋1＝3と思う」は「偽」である）、これも「思うこと」の中核をなしている。それらは「思うこと」それ自身を構成するものなのだから、「思うこと」において端的に理解され、それ以外の何ものも必要としない、というわけである。これに対して「外来観念」は「思うこと」の内にはじめから含まれているのではなく、その外部から、後に与えられた観念である。たとえば私に物音が聞こえ、太陽が見え、火の熱が感じられたとすれば、それらはいずれも私の外から「思われ」に到来したと考えられるのである。最後の「作為観念」は、私自身（つまり「思われ」）がその作者であるような観念、私によって作り出された観念のことで、「妖精たち」や「竜」のような空想上の存在がその例として挙げられよう。

観念の起源

ところが、これらの観念はその真の出所が必ずしも明らかではない、とデカルトは述べる。したがって、次になすべきは「これらの観念の真の起源」(M一四六頁/六三頁)を吟味・精査し、明らかにすることである。現時点で彼が手にしているのは、〈「思うこと」においての「思われ」たかぎりでの「思われたもの」〉のみ、すなわち端的に存立している「思われ」の全体(＝「思うこと」)のみである。この「思われ」の内に、「思われ」自身を「起源」としているのでは**ない**何らかの観念があるかどうかが問題なのである。もしそのような観念がひとつでも存在していれば、それは「思うこと」に外部があること、すなわち**他者**が存在することを意味する。逆にそのような観念が見い出されないのだとすれば、「思うこと」は完全に自己充足したものであることになる。そのどちらであるかは、「思うこと」という「絶対に疑いえない」とされたものがいかなるものであるかにとって、決定的に重要なことなのである。

そうであれば、何を措いても真っ先に吟味すべきは先に「外来観念」と呼ばれたものである。それは「思うこと」の外部に存在する「物」(「太陽」や「火の熱」といった物体的事物)に由来するように見えるからである。もしその通りであれば、「思うこと」には外部が存在することになる。ここでのデカルトの吟味は慎重さと詳細さを極めたものだが、その結論は否定的である。物体についての観念をその典型とするような「外来観念」は、その名に反して決して「思うこと」の外部に何ものかが存在することを確かなこととして保証しない、というのである。この結論は、彼とともに方法的懐疑の途行きをともにしてきた皆さんには、受け容れるのにさほど困難を感ずるものではないはずである。たとえば今皆さんが目の前に開いているこの書物のカヴァーの色は、向こうから勝手に私の目に飛び込んでくるのであって、いくら私がそれを「赤」と見ようとしても、そのようには見えない。このように物体についての観念は、それを受け取る私の意志には依存せず・独立であるように思われ、このことがこの種の観念の「起源」を私の外部に求めさせる。しかし私の意志に依存しないというだけなら、夢だってそうなのだ。いつも見たいと思った夢が見られるならこんなに楽しいことはないかもしれないが、残念ながら私たちはしばしば悪夢にうなされたり、夢の中で思いもかけぬ経験をして狐に化《ば》かされたような気持ちになる。にもかかわらず、夢にはそれに対応する外部は存在しないのだ。私はその間、ただ寝床に横たわっていただけなのだから。

もし「思うこと」の外部に「起源」をもつような観念が存在するとすれば、それは少なくとも今検討したような類いのものではないと言わねばならない。すなわちそれは物体的事物を典型とするような「外来観念」ではない。はたしてそのような観念が「思うこと」の中に存在しているであろうか。そこでデカルトは、あらためて「私」という「思うこと」の中に与えられている観念を列挙し、その各々に検討を加える。彼がここであらためて列挙するのは次の六つである。まず「私自身を私に示すもの」、ついで「神を表象するもの」、「物体的で非生命的な事物を表象するもの」、「天使を表象するもの」、「動物を表象するもの」、「私と類似の他の人間を表象するもの」である。この内、第一の「私自身を私に示すもの」はまさしく「思うこと」そのものを示すものであるから、その「起源」もまた「思うこと」以外ではない。それは典型的な「本有観念」なのである。

次いで検討されるのは最後の三つ、すなわち「天使」、「動物」、「他の人間」を表わす観念である。それらは、かりにそうしたものが実際には存在しなくとも（つまり、「思うこと」の外部に存在しなくとも）、「私自身」と「神」と「物体的事物（もの）」という前三者から、それらを適宜組み合わせることで容易に作り出すことができる。たとえば「天使」とは、「私自身」と何ほどか似たところをもった（つまり「思うこと」をなしうる）「もの」であるが、決して「私自身」と同じではなく、何かもっと「神」に近い「もの」である、といったように。つまりそれらは十分「作為観念」でありうるのであり、そうであればそれらはその「起源」を「思うこと」の外部にもつ必要はないのである。

そこでもう一度あらためて検討すべきは、「物体的事物」についての観念である。先にデカルトはすでに、それらは夢でもありえ、夢であればそれらは私の単なる「思われ」（＝

「思うこと」）にすぎないことを示していた。ここではそれに加えて、かりに物体について私がもつ観念が現に物体がその通りであるものとぴったり合致しているとしても（つまり、観念がその外部にある物体と正確に対応し、したがって「真」であったとしても）、そのことからはその観念が「思われ」の外部に「起源」をもつことは帰結しない、と論ずる。これは、私たちが正夢《まさゆめ》を見ることがあるのと構造上、同じなのである。夢に見たことが実際に起こった（起こっていた）としても、だからといってその実際に起こったことが夢を引き起こした（夢の「起源」である）というわけでは必ずしもない。あくまで夢は私が勝手に見たのだが（つまりその「起源」は私の内にあるのだが）、**たまたま**それが現実と合致してしまったということがあってもおかしくないのである。また物体について私がもつ観念の中できわめて確からしく見える「実体性」、「持続」、「数」なども、それらは物体が「それ自体で存在していて、一つのまとまりをもつある一なるもの（自己同一的なもの）」であることのみを表わしているのだから、これらの特徴はすべて「私」という「思うこと」から引き出すことができる。そうであれば、これらは「本有観念」を他のものに適用して作り上げた観念にすぎないことになる。すなわちこれらの観念の「起源」は、どう見ても「思うこと」の内に十分見い出すことができる。

「神」の観念

こうして最後にただ一つ残ったのが、「神」についての観念である。確かに「思われること」の中には、「神」についての観念が与えられている。皆さんにしても、「神」と言われてまったく何のことか分からない、という人はいないだろう。その存在を現代の日本人の多くは否定するかもしれないが、否定する以上、否定された当の観念が何を示しているかを知っているのである。知っているからこそ、「そんなものは存在しない」と言えるのだ。では、デカルトにとって「神」の観念は何を示していただろうか。彼は次のように述べている。「神という名称《ことば》によって私が知解《ちかい》するのは、次のような実体である。すなわち、ある種の無限で、非依存的で、この上なく知性的で、この上ない力能をもち、そしてこの私自身をも、また（私以外の）何か他のものが存在するとすれば何であれそれらすべてをも創造した、実体である」（M一五七頁／七二頁）。もう一度簡単に言い直せば、無限で、それ自体で存在し（他のものに一切依存せず）、最高に知性的で、最大の力をもった創造神である。「神」に対してこのような属性が与えられることには皆さんもさほど異存はなかろうが、ここでのデカルトによる「神」観念の検討の要となっているのは、その「無限性」であることに注目すべきである。神の無限性が際立つのは、それが「私」の有限性と鋭い対比をなすかぎりにおいてである。そして「私」という「思うこと＝思考すること」の有限性の内に「無限」なる神の観念が与えられているとすれば、そのような「無限」は有限な「私」の中のどこを探して

郵便はがき

112-8731

料金受取人払郵便

小石川局承認

1072

差出有効期間
2023年4月9
日まで
(切手不要)

東京都文京区音羽二丁目
十二番二十一号

講談社
学芸部
学術図書編集
行

ご購読ありがとうございました。今後の出版企画の参考にさせていただきますので、ご意見、ご感想をお聞かせください。

ご住所《フリガナ》　〒□□□-□□□□

お名前《フリガナ》

生年(年齢)

(　　歳)

電話番号

性別　1男性　2女性

ご職業

小社発行の以下のものをご希望の方は、お名前・ご住所をご記入ください。

・学術文庫出版目録　希望する・しない

・選書メチエ出版目録　希望する・しない

TY 000045-2103

この本の タイトル	

本書をどこでお知りになりましたか。

1 新聞広告で　2 雑誌広告で　3 書評で　4 実物を見て　5 人にすすめられて
6 目録で　7 車内広告で　8 ネット検索で　9 その他（　　　　　　　　　　　　　）
＊お買い上げ書店名（　　　　　　　　　　　　　　　　　　　　　　　　　　　　）

1．本書についてのご意見、ご感想をお聞かせください。

2．今後、出版を希望されるテーマ、著者、ジャンルなどがありましたらお教えください。

3．最近お読みになった本で、面白かったものをお教えください。

ご記入いただいた個人情報は上記目的以外には使用せず、適切に取り扱いいたします。

も見当たらない以上、「私」の外にその「起源」を有することは明らかだ、と彼は論ずる。

彼の論理を、多少補いながら確認しておこう。有限な「私」の内に現に「無限」についての観念が与えられている。だが有限な「私」の内のどこにも「無限」は存在しない。また、有限な「私」の内に与えられているどんな観念を組み合わせても、「無限」の観念を作り出すことはできない。有限な観念をどんなに組み合わせてもそれに収まりきらないもの、それを破ってしまうものが「無限」なのだから、この「破れ」は有限なものの外部からもたらされると考えるしかない（逆に言えば、何らかの仕方で有限な観念の内で有意味に理解されるものは、実は「無限」ではない。その典型は「どこまで行ってもその先がある」という仕方で——限界の否定として——理解される「無際限」である。これについては後に論ずる）。そうであれば、この「無限」の観念の「起源」は「私」の外にあることになる。すなわち、「無限」なるもの（つまり「神」）が「私」の外に存在する。

デカルトは、彼にとって「絶対に疑いえない」と思われた「思考すること」がいったいいかなる事態であるのかを徹底して検証する途上で、その「思考すること」の内に「起源」をもつとは思われない一つの（そして唯一の）特異な観念（すなわち「思考されたもの」）に遭遇し、そこから「思考すること」の外部の存在を証明するにいたったのである。この証明は、神の存在の「ア・ポステリオリな証明」と呼ばれる。今見たようにこの証明は、（すでにデカルトにおいても）「思考すること」という私たちのあらゆる経験の「岩盤」ないし

「起源」がいかなる事態であるかを見極める上で決定的に重要な考察を含んでいる。だがこれに立ち入る前に、デカルトにおける神の存在証明に関して若干の説明を加えておきたい。というのも、彼は『省察』において上述のものも含めて都合三つの「神の存在証明」を行なっているのだが、そのそれぞれの基本的な性格に触れた上で、なぜ本書が先に触れたタイプの「存在証明」に格別の関心を寄せるのかを明らかにしておきたいからである。

「神の存在証明」にはそもそも哲学と同じくらい長い歴史があり、その長い歴史の中でさまざまな証明が試みられてきた。しかしここではデカルトが『省察』で行なった三つの「存在証明」に話を限定しよう。彼は「第三省察」で先に触れた「ア・ポステリオリな証明」と呼ばれるタイプの証明を二つ、「第五省察」で「ア・プリオリな」証明を一つ行なっている。

そこで、ここで言う「ア・プリオリ（a priori）」とか「ア・ポステリオリ（a posteriori）」とは何を意味しているかから話をはじめよう。この両概念はデカルト以降カントにいたるまで、近代哲学の中でしばしば登場し、重要な役割を演ずることになるのだが、このラテン語の基本的な意味は、「ア・プリオリ」が「……に先立って」、「ア・ポステリオリ」が「……の後に」である。したがって問題は、それらがいったい**何に**「先立って」いたり「後に」なったりするかである。それは「経験」である。つまり、「経験に先立つもの」と「経験を俟《ま》って、その後に与えられるもの」をめぐって、デカルト以後、ロックやヒューム、スピノザやライプニッツ、そしてカントといった近代の哲学者たちはその思考を展開していったのである。だが、この点もここでは脇に置く。デカルトの「神の存在証明」における「ア・プリオリ」と「ア・ポステリオリ」に話を限定しよう。

「ア・プリオリな」存在証明

「ア・プリオリな」存在証明とは、別に「存在論的証明」とか「本体論的証明」とも呼ばれる古くからあったタイプの証明である。「古くから」とは具体的には十一世紀後半から十二世紀はじめのアンセルムス以来とされているのだが、それは基本的に次のような証明である。「神」の観念の内には「完全性」ということが含まれている。神が「不完全な」存在であるというのはどう考えてもおかしいからだ。ところでその「完全性」の内には「存在」も含まれる。なぜなら、神が「存在」を**欠いて**いるというのは、やはり「完全性」に反するからである。そうであれば、神はその観念からして「存在」していることが必然的に証明される。これが「ア・プリオリな」証明と呼ばれるのは、「神」の観念の内に**はじめから**、すなわち一切の経験に**先立って**・それとは独立に（たとえば、実際に神に「出会う」というような**経験**をするかしないかとは関係なく）、「存在」が含まれていると考えることでこの証明が組み立てられているからである。

このタイプに属する「神の存在証明」を本書が考察の対象からはずすのは、次の理由による。すなわち、デカルトが方法的懐疑の極点で出会った「私」と呼ばれる「思考すること」

そのことの端的な存立がいかなる事態であるかを彼とともに見極めるためには、いまだ懐疑の力をゆるめてはならないと考えるからである。もし「思考すること」を徹底して精査する作業を通して、あの「誇張された懐疑」を解いてよい十分な理由が発見されたのであれば、もちろんその時にはそうすべきである。現に彼自身これらの「神の存在証明」を通して、順次懐疑を解いてゆくことになる。だが、私たちの考察はまだその段階に達していない。懐疑をゆるめてよい十分な理由をいまだ見い出していない。この立場から先の「ア・プリオリな」存在証明を見ると、そこで決定的な役割を果たしている神の「観念」にはなお疑念を差し挟む余地が残っている。

というのも、方法的懐疑の極点においては、理性という思考能力がその根本から欺かれている可能性が視野に入っていた以上（「欺く神」あるいは「悪しき霊」の想定である）、**何が**神の観念に属するかに関しても、理性が考え違いを起こす（狂っている）可能性が存在しているからである。つまり、ひょっとしたら2＋3は5ではないかもしれないのと同様、神には「完全性」は属さないかもしれないのだ。さらには、「完全性」と「存在」との結びつきも、理性がそう考えるほどには必然的でも何でもないのかもしれない。理性にとってはそれがどんなに明々白々なことと思われるとしても、その明々白々さは理性が欺かれていないことの保証にはならないのである。それどころか、それは理性が完璧に欺かれたことの証拠でしかないかもしれないのだ。

「ア・ポステリオリな」存在証明

したがってここで検討しなければならないのはもう一つの証明、すなわち「ア・ポステリオリな」証明である。実際デカルトが懐疑の極点において「私」を発見し、その正体が「思うこと」であることを突き止めた後、真っ先に取り組んだのもこの「ア・ポステリオリな」証明なのである。したがってこの証明がなされる時点においては、いまだ私たちは懐疑の極点にとどまっていることを忘れないようにしよう。

さて彼はこの証明に取り組むにあたって、先にすでに紹介した証明と、もう一つ若干異なる証明の二つを、いずれも「第三省察」で引き続き開陳している。便宜上、先のものを「第一のア・ポステリオリな証明」、これから紹介するものを「第二のア・ポステリオリな証明」と呼ぼう。そのいずれもが「ア・ポステリオリ」と呼ばれるのは、先の「ア・プリオリな証明」のように神の観念にはじめから・私たちの経験とは独立・無関係に含まれているものを支えに証明が進行するのではなく、現に「思われること」に与えられているかぎりでの観念、より正確に言えば「思われること」**そのこと**から出発して証明がなされるからである。デカルトにとって「思われること」こそが今やすべての基盤をなす、いわば経験の中の経験であることが明らかとなったのであり、極度の懐疑にも耐えるそのような（最高の明証性をともなった）経験を足場にしてなされる証明であるがゆえに、それは「経験を俟って、経験とともに」なされる「ア・ポステリオリな（後なるものからの）」証明なのである。先の「第一のア・ポステリオリな証明」がいかなる意味で「ア・ポステリオリな」ものたりうるかについては、あらためて論ずる。ここでは「第二のア・ポステリオリな証明」の骨格について触れておこう。

まず確認から。先の「第一のア・ポステリオリな証明」は、「思考すること」の内に現に神についての観念が与えられており、その観念の起源が「思考すること」のどこを探しても見い出されないことから、その外部に位置する「起源」の存在を立証するものだった。これに対して、日頃感覚的な事物の像にのみ向かい合っているためにこのような仕方で観念の「起源」へと遡る証明に対して「精神の目が曇らされて」（M一六〇頁／七六頁）しまっている者に呈示されるのが、「第二のア・ポステリオリな証明」である。観念といったきわめて抽象的に見えるものを媒介にした議論についていけない人のために、もっと身近なものを出発点に据えた証明を与えよう、というわけである。

そこで証明の新たな出発点として選ばれたのが、「絶対に疑いえない」とされた「思考すること」そのこと、すなわち「私」の「存在」である。私自身の存在ほどに身近なものはないはずだからだ。そしてまた、方法的懐疑の精神に照らしてみても、この出発点は十分納得できるものである。「私」の「存在」こそ懐疑の極点においてなお保持された唯一のものだったのだから、つまりそれが**現に与えられている**ことこそ唯一「絶対に疑いえない」ことだったのだから、そこに論証の出発点をおくこの証明が「ア・ポステリオリな」ものであることは受け容れられてよい。また、その「疑いえなさ」にぎりぎりのところで疑問を差し挟んだ本書の観点からしても、「思われること」の存立は、たとえそれがなお疑いうるものであったとしても、およそ理解可能な「思われ」うるもののすべてがそこに源泉を汲む最終的な地点として**経験の基盤**ではあったのだから、やはり「ア・ポステリオリな」ものと言ってよい。

この論証は、そうした〈「私」の「存在」〉の原因が「私」自身の内にあるか、それとも両親を含む「私」以外の存在、ただし神のごとき完全な存在ではない他の存在の内にあるかを吟味することからスタートする。結論を先に言えば、そのいずれの内にも〈「私」の「存在」〉の原因は見い出されない。まず、それが「私」自身の内に見い出されない理由は、当の「私」自身が現に何ごとかを疑ったり、何ごとかを願望したりする（今の場合で言えば「絶対に疑いえない」ものを求める）「不完全な」存在だからである。完全な存在はすべてが自身のもとにあるのだから、もはや何かを疑う必要はないし、何か自分に欠けたものを求める必要もない。それに対して、不完全な存在である「私」は現に多くのことを疑い、また望んだものを必ずしもいつも手に入れるわけでもない。そのような「私」に、ましてや何もなかったところに自らの存在を出現させるほどの力能が備わっているとは到底考えられない、というのである。

また「私」はある一定期間持続して存在し続けるものだが、時間の本性からしてそのことは「私」の力能をはるかに超えている。すなわち、時間は無数の多くの瞬間に分割されうるものであり、しかもその内のある特定の瞬間に存在したからといって次の、あるいは別の瞬間にもそれが存在しなければならない必然性はどこにも見い出されないのだから、もしそのような「私」が一定期間存在し続けるのだとすれば、そのためには各々の瞬間ごとに「私」を存在せしめる力が働いているのでなければならない。しかし、もっぱら「思考すること」をその本質とする「私」の内には、単に無から自身を出現させるばかりでなく、各瞬間ごとにそのようなことを可能にするほどの並外れた力能は到底見い出されないのである。これは「連続創造説」と呼ばれるデカルトに固有の考え方で、時間と存在の本質を考える上でとても興味深い問題提起を含んでいるのだが、今は措く。

〈「私」の「存在」〉の原因を「私」自身の内に見い出すことはできないとしたデカルトが続いて否定するのは、「私」以外の他の存在（ただし神を除く）の内にその原因があるとする考え方である。その理由は、原因の内にはその結果の内にあるのと少なくとも同じだけのものがなければならないからだという。実はこの基準はア・ポステリオリな証明を論ずる「第三省察」のいたるところに登場するのだが（たとえば、先の「第一のア・ポステリオリな証明」においても）、それによれば、〈「私」という「思考すること」〉ならびに〈その内に神についての観念をもつもの〉を生み出す原因もまた、少なくとも「私」と同じ（同等な）存在

徳政令 中世の法と慣習

笠松宏至
1100円 522562-2

歴史上の法の中でもずば抜けて有名な「永仁の徳政令」。謎多き法の本質を鋭く見据え、13世紀の社会を深くあざやかに描いた不朽の名著！

中国思想史

武内義雄
浅野裕一 解説
1386円 526941-1

諸子百家から、道教・仏教・儒教の相互交渉、朱子学・陽明学の成立、清代考証学の成果までを大きな視野で一望。唯一無二の中国思想全史。

デカルト「われ思う」のは誰か

斎藤慶典
748円 527069-1

第一人者が挑む哲学者との対話！「われ思う、ゆえにわれあり」という命題は最終到達点ではなかった。そこに込められた真の意味とは？

時間の分子生物学 時計と睡眠の遺伝子

粂 和彦
924円 527245-9

人間、草木、細菌にまで共通する24時間のリズム＝生物時計。その驚異の全貌を明かし、「生物はなぜ眠るのか」という最大の謎に挑む最新版。

ブルーバックス　2月16日発売

宇宙を支配する「定数」
万有引力定数から光速、プランク定数まで

臼田　孝
1100円 527329-6

根源的な自然法則に現れる「物理定数」とは何か？　なぜ固有の値をとるのか？　宇宙の誕生と進化を司る「究極の値」のすべて——。

数式図鑑 楽しく、美しく、役に立つ科学の宝石箱

横山明日希
1100円 524309-1

新たな数式との出会いや、学び直しにも。オイラーの等式から運動方程式、リーマン予想まで、式の意味や歴史的経緯もわかりやすく解説。

思考実験 科学が生まれるとき

榛葉　豊
1100円 527068-4

科学の歴史は思考実験そのものだ。偉大な先人たちはどのように問題設定し、どのように解決したのかを知り、科学的思考力を養おう！

【好評既刊】

脳と人工知能をつないだら、人間の能力はどこまで拡張できるのか 脳AI融合の最前線

紺野大地／池谷裕二
1760円 526515-4

時間の終わりまで
物質、生命、心と進化する宇宙

ブライアン・グリーン／青木　薫 訳
2860円 526106-4

講談社現代新書 2月16日発売

まだ間に合う
元駐米大使の置き土産

藤崎一郎
990円 527293-0

「記録とりの極意」「社会人の『アイウエオ』」ほか、元駐米大使が本音で綴った次世代への直球アドバイス。YOSHIKIさん、佐藤可士和さん推薦！

海外メディアは見た
不思議の国ニッポン

クーリエ・ジャポン＝編
990円 527484-2

「働きすぎなのに労働生産性が低い理由」「義理チョコという呪縛」――、日本人の「当たり前」の常識をくつがえす、素朴な疑問の数々。

スピノザ 人間の自由の哲学

吉田量彦
1320円 527324-1

「人間から自由を奪うことはできない」。不自由な今こそスピノザの哲学を！　スラスラ読める、まったく新しいスピノザ哲学の入門書。

3月16日発売予定

現代思想入門

千葉雅也
990円 527485-9

本物の哲学はこんなにも実践的だ！　現代思想の真髄をかつてない仕方で書き尽くした、俊英による「入門書」の決定版。

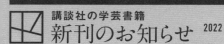

でなければならないことになる。「私」と同じ存在といえば、両親を筆頭にした他人たちであろうが、先に「私」自身は当の「私」の「存在」を創造するほどの力能をもたないことが確認されたのだから、この創造者が「私」と同じ存在ではありえないことは明らかである。それはそもそも自身の存在の原因たりえないのだから、かりにそれが「私」の「存在」の原因だったとしても、それ自身の原因がさらに探し求められねばならなくなってしまうからだ。つまり、両親を含む他人は「私」の「存在」の真の原因たりえない。

では、「私」と同じ「思考すること」であり、かつ完全性についての観念をもつもの、しかも「私」（という「思考すること」）の「存在」の創造者たりうるものとは何か。それは「私」の「存在」をいわば無から創造するほどの力能をもつものでなければならない以上、行き着くところは、自らの存在も含めてすべてを無から創造しうる力能を備えた存在者、すなわち「自己原因」としての神以外にはもはやない。その神が、自らの創造の産物である「私」に、それが自らの創造の産物であることのしるしを残したのであり、このしるしが神についての観念にほかならない。このように「第二のア・ポステリオリな証明」は論ずる。

さてこの証明は、いまだその頂点にあるはずの懐疑の力が張りめぐらされた地点において、自らを維持することができるであろうか。私には、否としか見えない。先にも見たように、「思うこと」そのことの存立がその出発点にとられていることはよい。しかし何よりも、いま彼が立っている地点が、〈結果には原因が先立って存在しなければならない〉あるいは〈「私」の「存在」にはその原因がなくてはならない〉といった「因果律」の適用が無条件に認められる地点なのかどうかが問題なのだ。そもそも何ごとかにその原因がなければならないというのは、1＋1が2であること以上に自明なことだろうか。ましてや、この証明の要で登場する〈原因の内には結果の内にあるのと少なくとも同じか、あるいはそれ以上のものがなければならない〉という基準が、理性そのものが欺かれている可能性の中で営まれている思考に適用できるとは到底思われない。

もうひとつ付け加えれば、懐疑の極点における「私」の「存在」とは「思うこと」そのことにほかならず、「思うこと」の成立が**すなわち**〈「私」の「存在」〉なのだから（第一章の終わりの方で見た「私」＝「ある（存在）」＝「思考すること」＝「感ずること」の等式を想い出してほしい）、そこでは「思うこと」から**ダイレクトに**その「存在」が帰結する（「思うこと」は**そのまま**その「存在」に**等しい**）のであり、そもそも「存在」の**原因**をことさら問題にする余地はまったくないのである。「第二のア・ポステリオリな証明」が用いている「存在」の意味は、すでに懐疑の極点におけるそれではなく、ごく普通の意味でのそれ、つまりその原因を問うことが有意味であるような次元でのそれに変質してしまっているのだ。

かくして本書は、先の「ア・プリオリな証明」とともに、この「第二のア・ポステリオリな証明」をも、それが因果律を証明のバネにしているかぎりで斥ける。「第一のア・ポステリオリな証明」とア・ポステリオリな証明に関してまとめておこう。

は、「思うこと」において「思われたもの」である観念の内にいかにしてもその観念に収めることのできないもの、観念をはみ出し・それを破ってしまうもの（すなわち「無限」）の経験が孕まれていることから（正確に言い直せば、「思われた」かぎりで有限である観念が破られてしまう経験が孕まれていることから）、その「破るもの」（すなわち「無限なる神」）の存在へと遡る証明であった。これに対して「第二のア・ポステリオリな証明」は、「思うこと」である「私」の「存在」が現に与えられている（経験されている）ことからその「存在」の原因を尋ねて、そのような原因たりうるのは無から存在（有）を創造しうるほどの力能をそなえたもの（すなわち「神」）以外ではありえないことを証明する。ついでに想い出しておけば、デカルトはこれら二つの証明に加えて、「神」の概念の中にはじめから含まれている「完全性」から、それが存在を欠くことはありえないとして神の存在を証明する「ア・プリオリな証明」も行なっていた。本書はこれまでの考察を通して、この「ア・プリオリな証明」と「第二のア・ポステリオリな証明」を、いずれも方法的懐疑の極点においては維持しえないものとして斥けたのである。

2 「無限」ということ

「無際限」な「私」

そこでもう一度考えてみなければならないのは、これらの事情を（何よりも、方法的懐疑の極点にいまだ思考は位置しているという事情を）勘案した上で、なおも先の「第一のア・ポステリオリな証明」に見るべきものがあるか否か、である。最初にはっきり言えることは、〈「私」に与えられている「神についての観念」が、その完全性（この中には第一の証明の要をなしていた「無限性」も含まれる）のゆえに、不完全な「私」の内にその「起源」をもつことができず、したがって「私」の外部に「完全な」（すなわち「無限なる」）神が（その観念の「起源」として、つまりは原因として）「存在」する〉という議論は、もはや受け容れられないということである。ここにも、懐疑のこの地点では有効に機能しないある種の「因果律」がすでに設定されてしまっているからである。それにもかかわらず本書がこの証明に注目するのは、この証明の中心に位置していると言ってよい「無限」の観念には、必ずしも今見たような因果的思考に収まらない別の側面が顔をのぞかせているように思われるからであり、現にそこでのデカルトの思考はこの別の側面をはっきり記述してもいるからである。この別の側面に注目する時、「思うこと」であるかぎりでの「私」がいかなる事態である。

るかに関して、「神の存在証明」といった観点からは見て取ることのできない新たな事実が思考の内に姿を現わすのではないか。

デカルトが神の「無限性」に言及する時、そこで対比されているのは「私」の有限性であった。ところで、この有限性の内実を彼はどのようなものとして見て取っていただろうか。「私」とは「思うこと」そのことであった。つまり「私」は、「……と思われる」という仕方で姿を現わしうるもののすべてがその内に「潜在的に存在している」（M一六〇頁／七五頁）と言ってよい存在である。そして懐疑のこの段階における「存在」とは、それが「思われること」の端的な存立の内に含まれているかぎりでのみ成り立つものであった。逆に言えば、この「私」の内にいかなる仕方でも含まれていないもの、すなわち決して「……と思われる」という仕方で姿を現わすことのないものに関しては、もはや「存在」を云々する余地はまったくないのである。この意味で「私」とは、およそ「存在」であるかぎりの**すべて**がそこに（潜在的にもせよ）含まれている場所のごときものである。すでに論じたように、「私」と「存在」は**同じこと**を表現しているのだった。したがってそれは、**すべて**であるかぎりで（**すべて**を今言った意味で内に含んでいるかぎりで）**有限**であるが、そのすべてが顕在化（現実化）しているわけではないかぎりで**際限がない**（いつでも、その次のものが顕在化する可能性を保持している）、つまり〈これで終わり〉ということがない。

現代の私たちは普通「世界」をそのようなものと考えているのではないだろうか。世界を

「宇宙」と言い換えてもよい。それはどこまでいってもまだなお先があり、この意味で果てしが（限界が）ない。だが、何が起ころうともそれらはすべてであるかぎりでのこの世界・この宇宙の中の出来事でしかありえないという意味では、世界・宇宙それ自身は閉じた・一個の全体である。すなわちこの意味で有限なものである。このようなものとして私たちはこの現実を捉えていないだろうか。デカルトはそれを「私」と呼んだのである。つまり「私」とは、「無際限」であり、かつ「有限」なのである。「私」の有限性の内実はこうした「無際限性」なのである。

「無際限」と「無限」

だが、このような仕方で「無際限（indefinite）」であることは、「無限（infinite）」とは決定的に異なる。「無際限」なものはあくまで「有限（definite）」であるのに対して、「無限」が有限なものでないことは明らかだからである。そしてデカルトは、「私」＝「世界」が潜在性をともなった「無際限」なものでありながらなおかつ「有限」であることの認識が紛れもなくこの「私」において成立していることを語るその時に、そのような「有限性」と鋭い対比をなす神の「無限」に触れるのである。つまり、「私」が「無際限」かつ「有限」であることをはっきりと見て取る時、その認識は「完全」なものである「無限」が視野に入っているのでなければ不可能であることをも、同時に見て取るのだ。「完全」なる「無限」

と対比された時、「有限」な「私」はみずからの「不完全性」を知るのである。そのような「私」のありようを、彼は次のように記述している。

私の認識がだんだんと増大してゆくということ、そして顕在的にはまだない多くのものが私の内に潜在的にある〔存在している〕ということ、このことがいかに真であろうとも、それにもかかわらずこのどちらも神の観念――思うに潜在的なものはおよそ何もない神の観念――にはまったく属さない。というのも、だんだんに増大してゆくというまさにこのことが、不完全性のいとも確実な証拠だからである。また、よしんば私の認識がつねにますます増大してゆくとするにしても、それにもかかわらず私は、私の認識がだからといって顕在的に（現実に）無限なものになることは決してないことを知解する。というのも、私の認識がなおそれ以上の増加を容れることができないところにまでいたりつくことは決してないであろうからである。しかし私は神を顕在的に（現実に）無限であって、何ものもこうした神の完全性に付け加えることはできないと判断する。
（M一六〇頁／七五頁）

ところが、このようにして「私」の有限性・不完全性の認識の視野に紛れもなく入ってきている「無限」に、「私」はいったいどのようにして接することができたのか。有限な

「私」の内に与えられている「無限」の観念とは、どのような観念なのか。ここで、先に触れたデカルトによる観念の分類と分析を想い起こさなければならない。彼は「私」という「思うこと」の内にある「思われたもの」である観念を、作為観念・外来観念・本有観念の三つに分類していた。では、「無限」の観念はその内のどれなのか。第一に、「無限」の観念は有限な私の内にある（したがってそれ自身、有限な）観念をどう合成しても作り出すことができないのだから、作為観念ではありえない。では、それは外来観念か。だが外来観念とは、「私」の外に在るとされる物体的事物を「私」自身がそれである「実体性」や「持続性」や「数（自己同一性）」の観念を適用して捉えるものであるから、もはや「私」自身がそれである（それと同等の在り方をしている）とは言えない「無限」には適用できない。「無限」は外来観念でもないのだ。最後に残ったのは本有観念である。

デカルトは、「無限」とはまさしくこの本有観念であると言う。なぜならそれは、物体的事物に関わる外来観念のように経験を通してある時には「私」に到来し、またある時には到来しないというものではなく、そもそもはじめから「私」の内に在るからである。つまり「無限」なる神は、ある時「私」がそれに出会ったり、また出会わなかったりするような存在ではなく、「私」が「存在」する時、いつもつねにその内に観念として自らを与えている、というのである。だが言うまでもなくそれは、「私」という観念が「私」自身にとって本有的であるのと同じ仕方で、本有的であるのではない。「私」の観念が確かに当の「私」

の内にその「起源」をもっているのに対して、「無限」は有限な「私」の内にはありえないからである。そうした「無限」についての観念は、「私」の内にあるその観念が、つねにそれが指し示すものによって破られ・はみ出されてしまうという仕方ではじめから「私」の内にある、つまり有限な「私」といつもともにあるのだ。ここに、本有観念でありながらその「起源」を「私」の内に見い出すことのできない「無限」観念の特異性がある。

理解不可能な「無限」

この特異性をデカルトは次のように特徴づける。すなわち、通常の観念はそれが作為観念であれ外来観念であれ、あるいは本有観念であれ、いずれもそれを有する「私」によって「包摂」されるという仕方で「理解」されるのに対して、「無限」観念はそのような仕方では「理解」され**ない**というのである。ここで〈「包摂」されるという仕方で「理解」される〉と訳した言葉は、ラテン語原文では comprehendere（フランス語訳では comprendre）である。この言葉は、理解される当のものを手で包み込むようにして自己自身の内に取り込み・消化するさまを表現している。そのように消化・吸収されてはじめてそれは我が身に付くのであり、「分かった」ことになるのである。いわば、私自身の血となり肉となるのだ。ところが「無限」は、有限な「私」をはみ出し・凌駕してしまうものであるがゆえに、「私」の内にあるそれについての観念を介しても決して「私」の内に包摂され＝理解されることがない。

では、そのような「無限」に「私」はどのように接するのか。デカルトはそれを、文字通り「触れる（attingere）」と表現する。その「起源」が「私」の内には決して見い出されない「無限」に「私」は、当の「私」の内にはじめから与えられている（つまり本有的な）観念を介して「触れる」ことができるのみなのである。「私」という「思うこと」が有限なものであることは、あたかも何かの痕跡（しるし）のように当の「思うこと」の内に残されている本有観念を介して、いかにしてもその「私」の内部に回収・消化できない**外部**に「触れる」ことで知られると言ってもよい。「第一のア・ポステリオリな証明」がまさしくア・ポステリオリなのは、すなわち経験とともにあるのは、「私」の内なるその観念を介して、それがいかにしても「私」の内に包摂されないこと、観念によるそれの包摂がつねに破られ・凌駕されることによってはじめてそれに「触れる」という〈「私」（すなわち「思うこと」）の端的な**経験**〉に立脚しているからなのである。

デカルトは、神の存在をア・ポステリオリな仕方で証明しようとする「第三省察」の中で、二度にわたってこの点に触れている。一つは、「神」ということで正確には何が示されていたのかを明確にするくだりで現われる。引用しよう。

神と私が言うのは、それの観念が私の内に在るのと同じその神、言い換えるなら、この私には〈包摂するという仕方で理解する〉ことはできないが、（それにもかかわらず）それがどのような仕方ではあれ何らかの仕方で思考によって〈触れる〉ことが私にはできるあの完全性のすべてをもっていて、いかなる欠陥によってもまったく拘束されることのない、あの神のことである。（M二六七頁／八二頁）

ここでデカルトが、観念を介して「無限」という「私」の外部に「触れる」その仕方に関して、**もはや何も語っていない**ことに注意しよう。彼は、「それがどのような仕方ではあれ何らかの仕方で」と（だけ）述べているのである。「私」は「無限」について、これ以上を述べることができないのだ。

もう一つは、さらに控えめな表現である。それはこうした「神」についての観念が、その与えられ方の特殊性にもかかわらず、「思われ」の内に一点の曇りもなく「明晰・判明に」与えられていることを述べるくだりで現われる。これも引用する。

私が無限なものを〈包摂するという仕方で理解〉しないということは、あるいは〈包摂＝理解〉することも、もしかしたら思考によってそれに〈触れる〉ことすら、いかにしても私にはできない他の無数のものが神の内にあるということは、神の観念が私の内で明晰・判明に見て取られるための妨げとはならない。なぜなら、有限である私によって〈包摂するという仕方で理解〉されないということは、無限なものの無限なものたるゆえんだからであり、まさにこのことを私は知解する。（M一五八―一五九頁／七四頁）

「思うこと」に触れる「無限」

わずかに「触れる」という仕方でしか（あるいは「触れる」という仕方ですら）それにまみえることのできない「無限」が、それにもかかわらず「私」という「思うこと」の内なる観念（痕跡）として与えられていることを今や「私」は「絶対に疑いえない」ほど明晰・判明に見て取る、と彼は言っているのである。この時点での彼のこの発言は、「無限」についての「思われ」を、それが「思われたもの（観念）」であるかぎりで保持したものとみなすことができる。つまり、「私」という「思うこと」を一個の全体として「絶対に疑いえない」唯一のものとみなした懐疑の頂点でのあの発言とまったく同じ次元で、そのような発言がもし可能であったのであれば実はすでにそうした発言の視野に入っていたはずの「無限」を、あらためてここで彼は確認しているのである。「思うこと」が**すべて**を内に包摂する一個の完結した（有限な）全体として与えられているのであれば、そのような全体の全体としての存立は、それとの鋭い対比をなす「無限」が当の「思うこと」の外部に広がっていたのでなければならないのであり、その外部の痕跡が「無限」についての観念なのである。

ここでデカルトは、観念からその外部を推論しているのではない。そうではなく、「思うこと」が一個の全体として存立していることを見て取ることそのことが、「無限」が痕跡としてその「思うこと」に「触れて」いることなのだ。「思うこと」の端的な存立（これが第一章で明らかにした「われ思う」の「われ」、すなわち「私」の内実だった）と、そこに「無限」が「触れて」いることとは、コインの両面のように切り離しえないのであり、両者は**同じひとつのこと**なのである。

「思うこと」の内に残された「無限」の観念にのみ依拠して、「思うこと」が「無限」に触れていることを「証《あか》し」しようとすること、それが「第三省察」での「神の存在証明」ではなかったか。本書はこのような観点から、とりわけその「第一のア・ポステリオリな証明」を読み直してみたのである。だがそうだとすると、それはもはや言葉の普通の意味での「証明」ではありえまい。普通の意味での「証明」とは論理的な演繹ないし推論のことにほかならないが、そうした演繹や推論を導く論理法則は、この地点がなお懐疑の極点であることを保持するなら、有効には機能しないはずだからである。ところでデカルトの議論はここで、「私」はそうした「完全」にして「無限」な神を〈包摂するという仕方で理解〉はできないにしても、「知解（intelligere）」はできるという方向に進む。そしてそのような神の観念を「私」の理性が「知解」するなら、その完全にして無限なる神は「存在」する、と結論する。

この場合の「知解」や「証明」は両義的である。つまり、明白と思われる概念規定（観念内容）や論理法則に基づいたそれなのか、それとも「思うこと」の絶対の疑いえなさを見て取った時と同じ次元（「私**である**」ことの次元）でのそれなのか。この両義性は、彼がその「存在証明」において、先に本書が検討したようないくつかのいわば「推論規則」（たとえば因果性や、〈原因の内には結果の内にあるのと少なくとも同じだけのものがなければならない〉といった規則など）を自覚的に用いている以上、最後までついてまわる。つまり一方では、デカルトはもはや懐疑の頂点では維持できない主張を展開する地点に後退したと見ることがどこまでも可能でありながら、他方で、そうした推論規則や観念内容とは独立に、「無限」に関する彼の言明をあくまで懐疑の頂点に身を置いたまま、いわば「私」の経験として聴くこともまた決して不可能ではないように思われるのだ。後者の途は、あるいは彼の自己理解を超えて進む途かもしれない。デカルトに聴くのではなく、彼が残した言葉に、すなわちその亡骸に聴くのである。

「無限なる神が存在する」

このような耳をもって、もう一度彼の「無限なる神が存在する」という言葉に聴いてみよう。それは、「〈包摂するという仕方で理解〉することが不可能なものの観念を私は明晰・判明に見て取る。したがってそのようなものが〈存在〉する」と言っているはずである。そしてこの言明は、二通りの読み方を許す。一方から読めば、それは次のようなことを言っていることになる。「〈包摂するという仕方で理解〉することが不可能だと明晰・判明に〈知解〉

された当のものが〈存在〉する」。つまり「理解不可能」であることがはっきりと知解されたものが（「有限である私によって〈包摂するという仕方で理解〉されないということは、無限なものの無限なものたるゆえんだからであり、まさにこのことを私は知解する」（M一五九頁／七四頁））、まさにその明晰な「知」においてその「存在」を保証されるのである。この場合の「知」から「存在」への通路を保証しているのは、先に見た或る種の因果性である。そのような「知」が観念を介して与えられているのであれば、もはや「私」の内に包摂されない理解不可能なものが当の観念の原因ないし起源として「私」の外部に「存在」しているのでなければならない、というわけだ。そしてこの場合の「知」は、紛れもなく「思われること」の内にある。

だがこの言明を別の方向から読めば、次のようになるはずである。「〈包摂するという仕方で理解〉することが不可能」なものは、文字通り「理解」できないのだから、それが何であるかが分からないものに、「存在」するという明らかに「理解」可能な述語を帰属させることはできない。帰属できるなら、そのかぎりでそれはすでに理解されてしまっている。「無限」とは、「理解」をこととする「私」の理性をはみ出し・破り・凌駕してしまうことの謂いであったのだから、それは**何か**である（として概念的に理解される）ことのないものである。したがって、そのようなものに思考が出会ってしまったことのみを、ここでの「存在」するという述語は示しているのだ。というのも、この言明で主語の位置に立つ「無限」が文字通り「理解不可能なもの」である以上、それにどのような述語を帰属させても、この言明の全体は「理解不可能」なままにとどまるとも言えるからである。つまり、理性の面前に或る「理解不可能」な言明がただ置かれているだけなのであり、このことがすなわち、「思うこと」である「私」が、その「思うこと」の内にいかにしても回収しえない**外部**に直面したことを証するのだ。この言明は、思考がその言葉の厳密な意味で「理解不可能」なものに「触れ」てしまったこと**のみ**を証言しているのである。このことをデカルトは、「知解」と述べたのである。

これを次のように言い換えてもよい。デカルトは神の「存在」を証明したというが、そもそも神という「無限」は「思うこと」がこととする「理解」をはみ出してしまうことだったのだから、そしてそれに対して「存在」とは「思うこと」において「理解」可能な事態だったのだから（あるいは「存在」と「思うこと」は**同じこと**だったのだから）、「無限」なる神は「存在」ですらないのである。これは決して、「神は存在しない」とか「神は無である」と言っているのではない。そうではなくて、そもそも「存在する」とか（その否定としての）「存在しない」（「無である」）とかを「無限」に関して有意味に、つまり「理解」可能な仕方で語ることはできないということのみを言っているのである。デカルトは、自らの言明の拠って立つ地点を徹底して「思うこと」の疑いえなさの内に限定することによって、すなわち**すべて**がそこに（顕在的・潜在的な仕方で）内包されている「無際限」（「無限」ではない）としての「思うこと」の内に「私」として立ち尽くし・そこに充足することによって、もはやその外部には何も「理解」すべき／しうるものはないことを身をもって示したのだ。そしてそのことが同時に、もはや「理解」しうる何ものでもないもの（それは、もはや「もの」でも「こと」でもないのだが）すなわち「無限」に、「私」という「思うこと」が「触れる」ことでもあったのだ。

彼の行なった「神の存在証明」は、もはや**存在**として理解しうる何ものでもなければ、ましてやその存在を**証明**しうるものでもないような**何か**に（それは自己同一的な「何か」として呈示可能なものですらなかったと言うべきなのだが）、そのような仕方で「私」が（デカルトと呼ばれた人物をもその内に「思われたもの」として含む「思うこと」が）「触れ」てしまったことを、そしてそのことのみを証言しているのではないか。それは、彼が徹底して「思うこと」すなわち「私《エゴ》」というもはやその外部が存在するとは思われないものに沈潜し、その自己充足（エゴイズム）に徹することによってのみ、僅かに可能となったのである。今「僅かに」と言ったのは、彼が実際にそのような地点に立ったかどうかを確言する証拠はどこにも残されていないからである。残された言葉は、あくまで両義的なままなのだ。そしておそらくそれは、事柄の本質からしてそのようでしかありえないらしいのだ。

観念の起源、つまり「思うこと」の外部の可能性をめぐるデカルトの思考の中で「無限」が決定的な役割を果たすのは、それがもはや理性によって**何か**として限定・規定されえない事態を、すなわち理性によって理解されえない事態を指し示しているからである。つまり「無限」は、先に第一章末尾で見た「思うこと」の文法が破壊されている可能性が問題となった次元と正確に重なり合っているのだ。したがってデカルトが語る「無限」は、しばしば私たちが口にする無限（たとえば「宇宙は無限だ」と述べる時のような）でもなければ（それは「無限」ではなく「無際限」なのだった）、現代数学で言う無限、つまり実無限、可能無限……等々さまざまに論じられているそれのいずれでもない。それらはあくまで「思うこと」の内部、すなわち理解可能なものだからである（もっとも現代数学において無限をめぐる議論がこれほど紛糾することの内には、そこで問題になっている無限が、何か私たちの理性による理解を拒むものを含んでしまっている可能性はある）。

まとめよう。なぜ「無限」の観念が「私」の内にあるのかについて「私」は知らないまま、現にありありとその観念が「私」の内に見て取られる。つまり「無限」の観念に関して、その起源の問題は「私」には理解不可能なのである（「第一のア・ポステリオリな証明」を今や私たちはこのように読む）。もしかしたら次の瞬間にはもはや「私」は「存在」しないかもしれないにもかかわらず（時間の本性からして、この点について私は確かなことは何も言いえないというのが「連続創造説」の趣旨だった）、なぜか今この瞬間において確かに「私」は「存在」している。つまり、「私」の「存在」に関して、その原因の問題は「私」には理解不可能なのである（「第二のア・ポステリオリな証明」を今や私たちはこのように解釈し直すことができる)。

いずれの場合にも示されているのは、その時もはや理性が有効には機能しない外部に理性が曝されていることが当の理性にはっきり告げられているという事態であり、それ以外ではない。これは決して理性が外部の存在を明証性をもって確言していることではない。「外部が存在することは確かだ」と言っているわけではないのだ。もはや外部に関してそのような確言は不可能なのであり、この不可能性(理性の無力)の内に理性は宙吊りにされたままなのである。これがすなわち、デカルトがア・ポステリオリな「存在証明」において行なったことなのである。それは理性の内部で行なわれる何らかの「証明」ではもはやありえず、図らずも理性をそれとは別の次元に連れ出してしまう営みだったのだ。そしてまさにその時、彼は「思考すること」を「感ずること」とあらためて呼び直したのである。しかし理性は、自らをその外部に曝すことになるこの営みを、おのれの全力を傾けて遂行したのだ。

「われ思う」に他者は……

かくして、「われ思う」に外部は……。「われ思う」に他者は……。「私」はここに続けうる有意味な言葉をもたないのだ。これが唯一可能な「他者(すなわち外部、すなわち神)の存在証明」であることを、デカルトは示したのである。どういうことか。それはもはや神の「存在」を証明することでもなければ、言葉の普通の意味での「証明」でもない。神が観念

(「思われたもの」)をかぎりなく凌駕する「無限」なのだとすれば、そうしたことは不可能なのだ。だが、それにもかかわらずこの「存在証明」は、これ以上厳密に語ることが不可能なほど明晰に神について語ってはいないか。もし神について語ることがなおも可能なら、それはこのような語りを措いてほかにないのではないか。この語りの中でデカルトは、「私」と言うと同時に、神という外部＝他者に「触れ」たのであり、この語りは紛れもなくそのことを「証し」しているのではないか。

もしそうであればこの「存在証明」は、デカルトが「私」の正体を徹底して突き詰めてゆく歩みの中で(本書第一章はこの点をめぐる対話であった)すでに始まっていたことになる。そのことの「証し」を、方法的懐疑の最終的な到達地点で彼が〈「私」という「思うこと」の本来の名前は「感ずること」だ〉と述べたことの内に、見て取ることができるのではないか。それは「私」が「思う」という仕方で何ものかを感受することであると同時に、その感受の中で、そのような「感ずること」自体は自分で自分を支えてはいないこと、すなわち自己原因ではないこと(自己原因でありうるのは――もしあるとすれば――神のみだった)、むしろその外部に「触れ」るという仕方で同時に「触れ」られてもいること(「感ずること」においては能動と受動の見分けがつかなくなってしまうのだ)、そしてこの外部は「存在」では**ない**のだから、それは「与えるもの」**なき**「受け取ること」でもあること、こうしたことを示してはいないだろうか。その時「私」は、自らの存在がこの「触れ／られ」

ることの中で受け容れられたものであることに気づかないだろうか。

もしデカルトがこの地点に一度は立ったのだとしたら、その時彼の追求して止まなかった「よき生」は、徹底したエゴイズムのまま、それを支えるはずの「絶対に確実な」「岩盤」とはまったく別の次元に「触れ／られ」たのではないか。「私」という「思うこと」すらもはや「絶対に疑いえない」とは言えないかもしれない可能性に直面したまさにその時に、「私」のかたわらをそのような「絶対確実性」とはまったく別のものが、ふっと横切りはしなかったか。もし私が「私」でもあるのなら、私はそのような「無限」に、すなわち「他者」に、すでに「触れ／られ」てしまっていることになる。私のかたわらにはすでに「他者」が……。

皆さんにはもうお分かりだろう。私がデカルトの内に見て取ったたった一つの主題とは、このことなのである。本書は、挙げてこの一つの主題と対話を積み重ねてきたのだ。この主題のもとでは、「私」と「神」（すなわち他者）という一見まったく別のものに見える主題が、ぴったりと重なり合ってはいないか。徹底した**エゴイズム**とその**外部**の問題が、表裏一体をなしてはいないか。この時、デカルト哲学を根本で推進していた「よき生」への飽くなき希求は、どのような相貌を見せることになるだろうか。今や私たちは、新たな主題の前に立ったのではないか。この主題にどんな名を与えたらよいだろうか。

だが、先を急ぎすぎないようにしよう。そこで私が「触れ／られ」ているのは、何ものでもないのである。そのようなものに（それは「もの」ですらないのだが）「触れ／られ」るとは、いったい何のことなのか。再び私は、この言葉の通常の用法に欺かれているのではないか。それへと向けて語り出されるあらゆる言葉が無意味に曝され、沈黙の内へと吸い込まれてゆくような地点に、私は立ってしまったのではなかったか。そのような地点でなおも語り出される言葉とは、いったいいかなる言葉なのか。そして、それが**そこ**へと向けて語り出されているはずのその**そこ**とは、いったい**どこ**のことなのか。

この言葉は、もはや特定の意味内実を失いつつ、聴き届けられるか否かすら定かでないままに差し出される「挨拶」の言葉に似てはいないか。そしてそれが挨拶であるならば、私はすでにその挨拶の宛て先に「触れ／られ」てしまっているのだ。その宛て先ともはや無関係ではありえないにもかかわらず、それへと向けて差し出される言葉がはたして聴き届けられるか否か定かでないような言葉、それは死者たちに捧げる「弔い」の言葉に似てはいないか。もはや「ありえないもの」（存在ですらないもの）に向けて差し出される「祈り」の言葉に似てはいないか。そのような言葉を語り出すこと、それが「愛する」ということではないのか。

デカルト小伝

ルネ・デカルトは一五九六年三月三十一日、フランス中西部トゥーレーヌ州のラ・エーに生まれた（現在この町は、哲学者の名前をとってデカルトと呼ばれている）。ブルターニュ高等法院の評定官であった父ジョアシャンと、母ジャンヌの間には、すでに兄ピエールと姉ジャンヌがいた。母はルネが一歳になって間もなく、生後三日で死亡した弟を生むとともに亡くなってしまった。彼はこの弟のことを知らず、自分の誕生と引き換えに母が命を失ったと信じていたという。

母から虚弱な体質をうけついだルネは、家庭教師について読み書きを学んだ後、一六〇七年の復活祭の日に、ラ・フレーシュ学院に入学する（もう十一歳になっていた）。この学院は一六〇四年にイエズス会によって設立されたばかりの、教育内容も設備も当時の最先端をいくものであった。ここで彼は、虚弱な体質のゆえに個室を与えられ、早朝の日課を免除されて、思う存分「過ぎ去った世紀世紀の一流の人士」との「対話」（D一四頁／一三頁）に没頭することになる。

一六一五年九月、ほぼ八年半に及んだラ・フレーシュ学院時代に別れを告げ、父親の強い希望により法学の勉強のためポワティエの大学へ向かう。翌一六一六年十一月、優秀な成績で法学士の学位を取得する。しかし、彼がこの後法服を着ることはついになかった。一六一八年初頭まで家族のもとにとどまった後、ほぼ十年にわたって、当初の希望通り「世界（世間）という大きな書物」（D一八頁／一七頁）に学ぶべく、オランダ・ドイツ・イタリアなどヨーロッパ各地を旅する。

この間、後のデカルトにとって決定的な二つの出来事があった。一つは一六一八年十一月十日、オランダのブレダで数学者ベークマンと出会ったことである。街角に張り出された数学の問題がオランダ語で書かれていたために読めなかったデカルトが、たまたまそばにいたベークマンに訳してもらい、見事その問題を解いてベークマンを驚かせた、という逸話で知られる出会いである。このベークマンによってデカルトは、自然を数学的に解明する可能性に対して眼を開かれることになる。もう一つはこの出会いからちょうど一年後、一六一九年十一月十日から十一日にかけての夜のことである。この時彼は南ドイツの町ノイブルク近郊にいた。厳しい冬の寒さの中でも快適に過ごせるよう部屋の真ん中に大きな陶製のストーブがしつらえられたいわゆる「炉部屋」の中である。その晩、床に就いたデカルトは奇妙な夢を立て続けにいくつか見たのだが、彼はその夢を通して自分の一生を「真理」の探究に捧げる決心をしたというのである。「生涯をかけて私の理性を養い、そしてできうるかぎり真理の認識において前進すること」（D三八頁／三七頁）を自らの辿るべき途として選んだのだ。デカルト二十三歳の冬のことであった。

だが、その「真理の認識において」決定的な一歩が踏み出されるまでには、なお十年の時間を必要とした。これだけの大きな仕事を成し遂げるためには、「あらかじめ時間をたっぷりとかけて、それに取りかかる自分の側の準備を整え」(D三一頁／三一頁)、自らの理性の成熟を待たなければならないとデカルトは考えたのである。この間彼は、「一方ではあらゆる先入見を根こそぎにすることに、他方ではたくさんの経験を積むことに」(D三一―三二頁／同頁)、専念する。こうした慎重な準備を経て、おそらく一人の哲学者にして一生に一度しか訪れないかもしれない根本的な考察の時がついに訪れる。

彼は一六二八年末、以後二十年以上にわたって滞在することになるオランダへと向かった。このオランダで彼は、アムステルダムをはじめ各地を転々としながら「真理の認識における前進」を間違いなく成し遂げることになるのだが、とりわけその「最初の九ヵ月」の間、「他のことには一切取り組まずに」徹底的な考察に集中したという(一六三〇年四月十五日付、メルセンヌあて書簡)。この時の考察を後にデカルトは「形而上学の端緒」と呼ぶことになるのだが、これこそ『方法叙説』と『省察』の中核をなすものだった。すなわち、一六二八年末から一六二九年の半ば過ぎまでのことである。

だが彼はあくまで慎重である。この時はじめて「かたち」をなして彼の前に姿を現わした主題を彫琢し、自ら対話を積み重ねることになお数年の年月をかけ、ついにそれが彼自身から決定的に切り離されるにいたったのは一六三七年のことであった。この年、さまざまな紆余曲折を経てついに『方法叙説』が出版される。つづく数年がデカルトにとってもっとも生産的な日々となる。一六四一年に『省察』第一版公刊。この頃から、これまで控えめにふるまってきたこの哲学者は、自らの哲学をめぐる論争を正面から引きうけ、積極的に関与し、たたかう姿勢に転ずる。翌一六四二年には「反論と答弁」をさらに増補した『省察』第二版を公刊。一六四四年には、彼が「私の哲学の集大成」と述べる『哲学原理』を公刊。また、ボヘミアの王女エリザベートからの問いかけに答えるかたちで『情念論』第一稿が執筆されたのが、一六四五年から四六年にかけてのことである。この稿はその後さらに手が加えられ、一六四九年彼がストックホルムへ向けてオランダを発つ直前に公刊された。

この多産なオランダ時代に、彼の私生活上重要な出来事があった。一六三五年七月、家政婦ヘレナとの間に私生児の娘フランシーヌが生まれたのである。この娘のことは厳重に秘匿されていたにもかかわらず、デカルトが彼女と比較的頻繁に会い、時にはともに過ごした可能性が指摘されている。だがこの娘は、本格的な教育を受けさせるため母親のもとから引き取ろうと彼が動きはじめた矢先の一六四〇年九月、急な病気のためわずか五歳で亡くなってしまう。この出来事が彼の内面にどのような影響を与えたかについてはほとんど何も書き残されていない。だが一六四一年以後の彼のまるで何かが吹っ切れたような獅子奮迅のたたかいぶりから推すに、心中深く期するところがあったのではないか。

一六四九年九月、スウェーデン女王クリスティーネの招聘に応じ、ストックホルムに向かう。翌年一六五〇年二月十一日早朝、肺炎を悪化させたデカルトは当地で五十三歳の生涯を閉じる。この間、女王は彼に最大限の待遇を申し出、彼女に対する講義以外の一切の義務は免除されたが、多忙な女王が実際に彼の講義を集中的に聴くことができたのは、実質的にはせいぜい六、七週間の間だけだったようである。それも、女王が面倒な政務から解放されている早朝五時に図書室に参内《さんだい》するよう、デカルトは求められたのだった。生来の虚弱体質ゆえにあのラ・フレーシュの学院では早朝の日課を免除されていたあのデカルトが、極寒期のストックホルムで、である。

だが、彼の死を看取ったスウェーデン駐在のフランス大使、かつまた彼の親しい友人でもあったシャニュの伝えるところによれば、デカルトは「人生に満足し、また生涯探し求めた真理を発見し・所有することに情熱を燃やしつつ、去っていった」という。まさしく、エゴイストとしての「よき生」をまっとうしたのである。その彼の最後に残された言葉が、幼くして死別した母親に代わって彼を育てた乳母に年金を支給しつづけるよう依頼する口述筆記だったことを、言い添えておこう。

読書案内

デカルトに興味をもたれた方にまず勧めたいのが、『方法叙説』である。もともと専門家に対してでなく、一般の読者を想定して書かれたものであり、デカルト自身によって自らの半生が自伝風に回顧されながら、彼固有の哲学へと読者を導いてくれる。彼自身の「生きること」と「哲学すること」とがどのように密接にかかわりあっていたのかをも、生き生きと伝えている。

次いで、彼の哲学の頂点をなす『省察』に取り組もう。こちらは彼の哲学（形而上学）の中核をなす部分を、哲学の専門家を読み手に想定して書かれたもので、単にデカルト哲学の頂点であるばかりでなく、古今の哲学書の中でも最高峰に属するものと言ってよい。決してすらすら読めるといった類いの本ではないが、そもそも哲学とはどういう営みか、哲学書とは何か、がひとつの具体的なかたちをとって皆さんの前にある。じっくり腰を据えて何度も読み返し、対話を重ねていただきたい。

『省察』がデカルト哲学の生々しい現場を、強い精神的緊張と集中力をもって呈示しているとすれば、『哲学原理』は彼自身によるデカルト哲学の総まとめである。論述は整理され、主題ごとに番号がふられて、全体への見通しがきくよう配慮されている。『省察』の深みの中で途を見失った時、自分が今立っている位置を確かめるために利用するのもよいかもしれない。

本書が対話を重ねた主題は上記三著作の思考圏に属するものなのだが、それらとは別に、晩年のデカルトの境地をうかがわせてくれるのが『情念論』である。これは、表題からも察せられるように、私たちの「情念」（感情）の分析であり、ボヘミア王女エリザベートとの対話から生まれた。この分析の背後には、同じく彼女が提起した問い、すなわち「精神」と「物体」という二つの互いに独立した実体の間にどのような関係を見て取るべきなのか、というわゆる「心身問題」が控えている。

以上を日本語で読むにあたって、一番包括的なのは次の著作集である。

・『デカルト著作集』（増補版）、全四巻、白水社、二〇〇一年。

収められているものは以下の通りである。

(1)『方法序説』および三つの試論（「三つの試論」とは「屈折光学」、「気象学」、「幾何学」である）

(2)『省察および反論と答弁』（「反論と答弁」は第一から第六までが収められている）

(3)『哲学原理』、『情念論』、『書簡集』

(4)『精神指導の規則』、『宇宙論』、『人間論』、『真理の探求』、『ビュルマンとの対話』、『平和の訪れ（舞踏劇）』、『思索私記』、『音楽提要』、『掲貼文書への覚え書』

ほかに、先に触れた彼の主要著作は、手ごろな文庫版や哲学全集版に各種収められている。本書を読む上で脇において参照するのに好都合なのが次の版である。

・『方法叙説　省察』三宅徳嘉・小池健男・所雄章訳、白水社（イデー選書）、一九九一年。
＊これは先述の『デカルト著作集』の中から当該の二著作の主要部分を抜き出して一書としたものである。
・『哲学原理』桂寿一訳、岩波書店（岩波文庫）、一九六四年。
・『哲学の原理』桝田啓三郎訳、角川書店（角川文庫）、一九六九年。
・『方法序説』谷川多佳子訳、岩波書店（岩波文庫）、一九九七年。
・『省察　情念論』井上庄七・森啓・野田又夫訳、中央公論新社（中公クラシックス）、二〇〇二年。
・『方法叙説』三宅徳嘉・小池健男訳、白水社（白水Uブックス）、二〇〇五年。
・『省察』山田弘明訳、筑摩書房（ちくま学芸文庫）、二〇〇六年。
・『情念論』谷川多佳子訳、岩波書店（岩波文庫）、二〇〇八年。
・『哲学原理』山田弘明・吉田健太郎・久保田進一・岩佐宣明訳、筑摩書房（ちくま学芸文庫）、二〇〇九年。

・『方法序説』山田弘明訳、筑摩書房（ちくま学芸文庫）、二〇一〇年。

・『方法序説』小場瀬卓三訳、角川学芸出版（角川ソフィア文庫）、二〇一一年。

・『方法叙説 情念論』野田又夫訳、中央公論新社（中公文庫）、二〇一九年。

・『方法叙説』小泉義之訳、講談社（講談社学術文庫）、二〇二二年。

・『デカルト全書簡集』全八巻、山田弘明ほか訳、知泉書館、二〇一二―一六年。

・『デカルト医学論集』山田弘明・安西なつめ・澤井直・坂井建雄・香川知晶・竹田扇訳、法政大学出版局、二〇一七年。

・『デカルト数学・自然学論集』山田弘明・中澤聡・池田真治・武田裕紀・三浦伸夫・但馬亨訳、法政大学出版局、二〇一八年。

次に、デカルトについての日本語で読める文献であるが、単行本、雑誌の特集、邦訳書、いずれも枚挙に暇がないほど豊富である。フランスを中心とした国外で定評のある研究書の多くも邦訳されているし、日本人の研究者による単行本のレヴェルも高い。本書を書く上で私が参照したものだけでも相当な数に上り、とてもここに収録しきれない。そこでここでは、わが国におけるデカルト研究の活況ぶりをよく示していると思われる次の二つのみを挙げておくことにする。読者はそれらに付されている参照文献の指示から、容易に自分の関心にあった本に辿り着けるはずである。

・デカルト研究会編『現代デカルト論集』全三巻（フランス篇、英米篇、日本篇）、勁草書房、一九九六年。
・湯川佳一郎・小林道夫編『デカルト読本』法政大学出版局、一九九八年。

なお、デカルトの伝記として定評のあるのは次の二冊である。

・アドリアン・バイエ『デカルト伝』井沢義雄・井上庄七訳、講談社、一九七九年。
・ジュヌヴィエーヴ・ロディス＝レヴィス『デカルト伝』飯塚勝久訳、未来社、一九九八年。

あとがき

本書はデカルトの解説書ではない。また、私はデカルトの専門家ではない。しかし自分が哲学する上で、折りに触れては彼の著作をひもとき、対話だけは重ねてきた。そもそも私がまがりなりにも哲学を続けてこられたのは、彼の問題意識がそれまで自分が漠然と抱いていたそれを見事に表現し、かつ尖鋭化したものだったからだと言ってもよい。つまり、自分の問題意識が一個の哲学たりうることを、彼を通して知り、勇気づけられたのである。本書はこの経験の延長線上で書かれた。ところでデカルト研究には、国の内外を問わず、すでに膨大な蓄積がある。専門家は、それらの内の主要なものすべてに目を通した上ではじめて、何かを言うことができる。すでに論じ尽くされたことをただ繰り返すだけでは何の意味もない以上、これは当然である。私がデカルトの専門家ではないからといっても、デカルトに関して何かを述べる以上、このことは私に対してもある程度要求されよう。

私があえてそのような蛮勇（？）をふるうことができたのは、ひょっとしたら学生時代に所雄章先生のデカルト演習に四年にわたって出席させていただいたことによるのかもしれない。先生は日本のデカルト研究を世界的な水準に押し上げた泰斗であるが、その先生から原典の厳密な読解の手ほどきを受けることができたのは幸いだった。私を勇気づけてくれたデカルトを対話相手に、哲学するひとつの徹底した仕方を学んだ上、デカルト研究の最先端に身近に触れることができたからである。先生にはご迷惑かもしれないが、この場を借りて心からお礼を申し上げたい。また、本書を書く上で生じた幾つかの疑問に、先生の高弟である村上勝三氏に答えていただくことができたのもありがたかった。もとより、お二人のお名前を出すことで本書の水準が保証されるわけではまったくなく、内容についての全責任が私にあることは言うまでもない。

私がこの「シリーズ・哲学のエッセンス」の編集に協力させて頂くことになったのは、NHK出版の編集長だった池上晴之さんの「概説書ではなく、論者自身の切実な問題意識をもって哲学の本質に切り込んだものを」という方針に心から賛同したためである。哲学の生きた現場に読者を案内すること以外に哲学への入門はありえないと日頃から考えていたのだが、その思いを実現する場を与えて頂いたことになる。今は他の部署に移られた氏の期待に本書ならびに本シリーズがどの程度応えているかは、読者の皆さんが判断して下さるだろう。氏の仕事を引き継がれた現編集長の向坂好生さん、二兎舎の塚本眞理枝さん、加藤知恵子さんには、読者の立場から貴重なアドヴァイスをいただいた。本書が多少とも読みやすくなっているとしたら、それはこれらの方々のおかげである。あわせて感謝申し上げる。

戸外では満開の桜が冷たい雨に打たれている。桜にかぎらず、たまたま出会い、時を共にしたもの（連続創造説によれば、すべてがそうなのだ）に対する刻々の惜別の情が拭いがたい。この思いのゆえに、本書はあなたに差し出された。何ものかの痕跡が印された骸からの呼びかけに応じて差し出された言葉を聴き取りうるものは、「来たるべきもの」すなわちあなたを措いてほかにはいないのだから。

二〇〇三年四月初旬

斎藤慶典

学術文庫版あとがき

このたび本書を講談社学術文庫に収めるにあたって、次のような方針で若干の改訂を施した。基本は、二〇〇三年に本書が出版された当時の姿を可能なかぎりそのまま保存することとした。その理由の第一は、序章でも論じた通り、いったん著者から切り離されて死に、骸《むくろ》となって復活に備える書物は、著者もまたそれと対話すべくあらためてそれに向かい合う、一箇の独立した「もの」だからである。第二は、もし旧著に著者自身が現在のおのれの思考を盛り込もうとして手を加えるなら、そもそも文体からして別物とならざるをえず、そうであるならそれは、新たに一書を書き下ろすのと同じことになってしまうからである。

そのようなわけで、今回行なう改訂は必要最低限のものにとどめることとした。具体的には、明らかな誤りの訂正と、文意の明確化のための変更と補足である（こうして手を入れた部分は、全体としてみればわずかな分量にすぎない）。これに加えて、そろそろ二十年に及ぼうとするこの間にデカルトの著作の新たな邦訳がいくつも出されるとともに、旧著で参照を指示した訳書が今や手に入りにくくなってしまった状況に鑑みて、新たな邦訳書への参照指示を付け加えて読者の便を図ることにした（この作業には、本書を学術文庫に収めるにあたって多大の労力を惜しまれなかった互盛央さんの手を煩わせた）。

このような改訂方針の下でいざ自身の旧著に、つまりはおのれの骸に向かい合ってみたら、予想していたのとはいささか違った事態となったことを読者の皆さんに報告しておきたい。先にも触れたようにそろそろ二十年が経とうとしている旧著に向かい合ったなら、さぞ議論の不十分なところや現在の自分の考えていることと異なる箇所に遭遇し、それらに異論を唱えることで新たに対話が開始されるだろうと予想していたのだ。

ところが、実際に行なわれた対話は、議論の運びの細部にかかわる不器用さへの不満は別にして、ここで展開された議論の根本に関してはまったく異存がなく、あらためて深く納得するものだった。私が本書でデカルトの骸と対話することの中から摑み取った思考の基本は二十年経った今でもまったく変わっておらず、むしろその後の思考の展開の中で忘れかけていた重要な論点をあらためて思い起こさせてもらったほどなのだ。対話はむしろ、それらの論点を確認した上で、さらに思考を展開するにあたって何を考えるべきかにかかわるものだった。

こうした状況をどう評価すべきか、今の私には判断を下すことができない。一方から見れば、二十年経っても何も考えが変わっていないのなら、その間の思考の進歩や進展がまったくなかったことになるのだから、いったいこの間何をしていたんだということになる。ましてや、旧著に今さら何かを教えてもらうなどということが生じたのなら、この間におのれの思考は退歩していたことにすらなりかねない。思考の貧困であり、お寒い現状と言わざるをえない。確かにそのようにも思われて、いささか慄然としたことを白状しなければならない。

けれども他方から見れば、何十年経ってもいささかも揺らぐことがないほどにかつての思考は徹底していたのであり、その思考を踏まえてはじめてさらに先へと考えを深めてゆくことが出来たのだと言えなくもない。何だか自己弁護が過ぎるようにも思うが、それほどまでに、本書で展開されたデカルトとの対話は私にとって決定的だったのだ。彼の言葉で言えば、「……と思われる（videre videor）」ことが私たちの現実の成立にとって占める位置の根本性であり、私の言葉で同じことを言い直せば、〈「何か」が現にそのようなものとして「ある」〉こと、つまり「現象すること」の根本性だ。

その上で、もし本書に付け加えることがあるとすれば、そのようにして「現象する」すべてをわが身に担って何ものか（どこでもないそこ）に向けてそれらを差し出す私の営み（それ以外に私のなしうることは何もないのだが）に本書が与えたいくつかの名、すなわち「挨拶」であり「弔い」であり「祈り」であり「愛」を、その後私は、「そこ」に向かい合ったが最後もはや何をしても「そこ」に対して私が応じたことになってしまう「証言（témoignage）」として、「応じないことのできない応答（responsabilité）」として考えてゆくことになったということだろうか。

最後になってしまったが、先にお名前を記した講談社の互盛央さんには、本書の文庫化の提案から始まって、旧著出版元との交渉や現在の読者の便を考えてのさまざまな改良の提案にいたるまで、何から何までお世話になった。本書はデカルトという傑出した哲学者に出会ってしまった私の、（どこにもいない）彼に向けての私なりのささやかな「応答」にして「証言」なのだが、それがまず以って互さんに差し出されることを通して読者の皆さんに届けられ、おそらくは皆さんを通して「どこでもないそこ」へと最終的には向けられることに、心からの歓びを禁じえない。

二〇二一年秋

不順な天候のせいか、早々に一度散ってしまったにもかかわらず、あらためて一斉に咲き揃い、高い薫りで大気を充たしてくれた木犀たちに

斎藤慶典

本書は、二〇〇三年に日本放送出版協会より「シリーズ・哲学のエッセンス」の一冊として刊行されたものに加筆・訂正を施したものです。

斎藤慶典（さいとう　よしみち）

1957年、神奈川県生まれ。慶應義塾大学大学院文学研究科博士課程修了。現在、慶應義塾大学文学部教授。専門は、現象学・西洋近現代哲学。主な著書に、『フッサール　起源への哲学』、『レヴィナス　無起源からの思考』、『「東洋」哲学の根本問題』（以上、講談社選書メチエ）、『「実在」の形而上学』（岩波書店）ほか多数。

講談社学術文庫

定価はカバーに表示してあります。

デカルト
「われ思《おも》う」のは誰《だれ》か

斎藤慶典《さいとうよしみち》

2022年2月8日　第1刷発行

発行者　鈴木章一
発行所　株式会社講談社
東京都文京区音羽2-12-21 〒112-8001
電話　編集（03）5395-3512
販売（03）5395-4415
業務（03）5395-3615
装　幀　蟹江征治
印　刷　株式会社新藤慶昌堂
製　本　株式会社国宝社

ISBN978-4-06-527069-1

#「講談社学術文庫」の刊行に当たって

これは、学術をポケットに入れることをモットーとして生まれた文庫である。学術は少年の心を養い、成年の心を満たす。その学術がポケットにはいる形で、万人のものになることは、生涯教育をうたう現代の理想である。

こうした考え方は、学術を巨大な城のように見る世間の常識に反するかもしれない。また、一部の人たちからは、学術の権威をおとすものと非難されるかもしれない。しかし、それはいずれも学術の新しい在り方を解しないものといわざるをえない。

学術は、まず魔術への挑戦から始まった。やがて、いわゆる常識をつぎつぎに改めていった。学術の権威は、幾百年、幾千年にわたる、苦しい戦いの成果である。こうしてきずきあげられた城が、一見して近づきがたいものにうつるのは、そのためである。しかし、学術の権威を、その形の上だけで判断してはならない。その生成のあとをかえりみれば、その根は常に人々の生活の中にあった。学術が大きな力たりうるのはそのためであって、生活をはなれた学術は、どこにもない。

開かれた社会といわれる現代にとって、これはまったく自明である。生活と学術との間に、もし距離があるとすれば、何をおいてもこれを埋めねばならない。もしこの距離が形の上の迷信からきているとすれば、その迷信をうち破らねばならぬ。

学術文庫は、内外の迷信を打破し、学術のために新しい天地をひらく意図をもって生まれた。文庫という小さい形と、学術という壮大な城とが、完全に両立するためには、なおいくらかの時を必要とするであろう。しかし、学術をポケットにした社会が、人間の生活にとってより豊かな社会であることは、たしかである。そうした社会の実現のために、文庫の世界に新しいジャンルを加えることができれば幸いである。

一九七六年六月

野間省一

荘子（上）（下） 全現代語訳
池田知久訳
「無」からの宇宙生成、無用の用、胡蝶の夢……。宇宙論から人間の生き方、処世から芸事まで。幅広い思想を展開した、汲めども尽きぬ面白さをもった『荘子』を達意の訳文でお届けする『荘子　全訳注』の簡易版。
2429・2430

ゼノン 4つの逆理 アキレスはなぜ亀に追いつけないか
山川偉也著
「飛矢は動かない」「アキレスは亀に追いつけない」。紀元前五世紀の哲学者ゼノンが提示した難解パラドクスはその後の人類を大いに悩ませた。その真の意図とそれが思想史に及ぼした深い影響を読み解く。
2436

言語起源論
ヨハン・ゴットフリート・ヘルダー著／宮谷尚実訳
神が創り給うたのか？　それとも、人間が発明したのか？——古代より数多の人々を悩ませてきた難問に果敢に挑み、大胆な論を提示して後世に決定的な影響を与えた名著。初の自筆草稿に基づいた決定版新訳！
2457

リュシス　恋がたき
プラトン著／田中伸司・三嶋輝夫訳
美少年リュシスとその友人を相手にプラトンが「友愛」とは何かを論じる『リュシス』。そして、「知を愛すること」としての「哲学」という主題を扱った『恋がたき』。「愛すること」で貫かれた名対話篇、待望の新訳。
2459

メタサイコロジー論
ジークムント・フロイト著／十川幸司訳
「抑圧」、「無意識」、「夢」など、精神分析の基本概念を刷新するべく企図された幻の書『メタサイコロジー序説』に収録されるはずだった論文のうち、現存する六篇すべてを集成する。第一級の分析家、渾身の新訳！
2460

道徳を基礎づける 孟子 vs.カント、ルソー、ニーチェ
フランソワ・ジュリアン著／中島隆博・志野好伸訳
井戸に落ちそうな子供を助けようとするのはなぜか。道徳のもっとも根源的な問いから、孟子と西欧哲学を自在に往還しつつ普遍に迫る、現代フランス哲学の旗手の主著、待望の文庫化！　東浩紀氏絶賛の快著！
2463

河本英夫著
哲学の練習問題

私たちの身体と心には、まだ開発されていない能力が無数にあるが、それは「学習」では開発できない。オートポイエーシスの第一人者にいざなわれ、豊富なエクササイズを実践して、未知の自由を手に入れよう！

2480

ゲオルク・グロデック著／岸田　秀・山下公子訳
エスの本　ある女友達への精神分析の手紙

「人間は、自分の知らないものに動かされている」。フロイト理論に多大な影響を与えた医師グロデックが、心身両域にわたって人間を決定する「エス」について明快に語る。「病」の概念をも変える心身治療論。

2495

永井　均著
『青色本』を掘り崩す――ウィトゲンシュタインの誤診

ウィトゲンシュタイン『青色本』には、後期の代表作『哲学探究』の議論の原基形態がちりばめられている。独我論、私的言語、自他の非対称性……。著者は細部にまで分け入ってその議論を批判的に読み抜く。

2499

G・W・F・ヘーゲル著／伊坂青司訳
世界史の哲学講義　ベルリン　1822／23年（上）（下）

一八二二年から没年（一八三一年）まで行われた講義のうち初年度を再現。上巻は序論「世界史の概念」から本論第一部「東洋世界」を、下巻は第二部「ギリシア世界」から第四部「ゲルマン世界」をそれぞれ収録。

2502・2503

J・L・オースティン著／飯野勝己訳
言語と行為　いかにして言葉でものごとを行うか

言葉は事実を記述するだけではない。言葉を語ることがそのまま行為をすることになる場合がある――「確認的」と「遂行的」の区別を提示し、「言語行為論」の誕生を告げる記念碑的著作、初の文庫版での新訳。

2505

キケロー著／大西英文訳
老年について　友情について

偉大な思想家にして弁論家、そして政治家でもあった古代ローマの巨人キケロー。その最晩年に遺された著作のうち、もっとも人気のある二つの対話篇。生きる知恵を今に伝える珠玉の古典を一冊で読める新訳。

2506

マルティン・ハイデガー著／森 一郎編訳
技術とは何だろうか 三つの講演

第二次大戦後、一九五〇年代に行われたテクノロジーをめぐる講演のうち代表的な三篇「物」、「建てること、住むこと、考えること」、「技術とは何だろうか」を新訳で収録する。技術に翻弄される現代に必須の一冊。

2507

アンリ・ベルクソン著／杉山直樹訳
物質と記憶

フランスを代表する哲学者の主著——その新訳を第一級の研究者が満を持して送り出す。簡にして要を得た訳者解説を収録した文字どおりの「決定版」である本書は、ベルクソンを読む人の新たな出発点となる。

2509

アントニオ・ダマシオ著／田中三彦訳
意識と自己

意識が生まれるとはどういうことなのか。身体的変化・情動から感情がいかに作られ、その認識に意識はどう働くのか。ソマティック・マーカー仮説で知られる世界的脳神経学者が、意識の不思議の解明に挑む。

2517

中島義道著
カントの「悪」論

カント倫理学に一貫する徹底した「誠実性の原理」。「幸福の原理」を従わせ、自己愛を追求する人間本性に対し「理性」が命ずる誠実性とは何か？ 普遍的な倫理学の確立を目指した深い洞察に触れる。

2524

西村ユミ著（解説・鷲田清一）
語りかける身体 看護ケアの現象学

「植物状態」は「意識障害」ではない——。実際に彼らと接する看護師や医師が目の当たりにする「患者の力」とは。自然科学がまだ記述できない、人と人との関わりのうちにある〈何か〉を掬い出す、臨床の哲学。

2529

池田知久著
老子 全訳注

無為自然、道、小国寡民……。わずか五四〇〇字に込められた、深遠なる宇宙論と政治哲学、倫理思想と養生思想は今なお示唆に富む。二〇〇〇年以上読みつがれる大古典の全訳注。根本経典を達意の訳文で楽しむ。

2539

哲学・思想・心理

ペルシア人の手紙

シャルル＝ルイ・ド・モンテスキュー著／田口卓臣訳

二人のペルシア貴族がヨーロッパを旅してパリに滞在している間、世界各地の知人たちとやり取りした虚構の書簡集。刊行（一七二一年）直後から大反響を巻き起こした異形の書、気鋭の研究者による画期的新訳。

2564

全体性と無限

エマニュエル・レヴィナス著／藤岡俊博訳

特異な哲学者の燦然と輝く主著、気鋭の研究者による渾身の新訳。二種を数える既訳を凌駕するべく、原書のあらゆる版を参照し、訳語も再検討しながら臨む。次代に受け継がれるスタンダードがここにある。

2566

レヴィナス 「顔」と形而上学のはざまで

佐藤義之著

唯一無二の哲学者レヴィナスの二冊の主著『全体性と無限』（一九六一年）と『存在とは別様に、あるいは存在することの彼方へ』（一九七四年）を解説し、さらに「ケア」という現代の問題につなぐ定評ある一冊。

2567

イマジネール 想像力の現象学的心理学

ジャン＝ポール・サルトル著／澤田　直・水野浩二訳

「イメージ」と「想像力」をめぐる豊饒なる考察――ブランショ、レヴィナス、ロラン・バルト、ドゥルーズなど幾多の思想家に刺激を与え続けてきた一九四〇年刊の重要著作を第一級の研究者が渾身の新訳！

2568

ドゥルーズ 流動の哲学［増補改訂］

宇野邦一著

二〇世紀後半の哲学を牽引した思想家の生涯をたどりつつ主要著作を読み解く、定評ある一冊に加筆・訂正を施した決定版が完成。初期の著作から『差異と反復』、『アンチ・オイディプス』、『シネマ』までの全容。

2603

ミシェル・フーコー［増補改訂］

内田隆三著

言葉を、狂気を、監獄を語るフーコーの視線はどこに到達したのか。新たに長大な序文を加え、エピステーメーの変貌と思考の臨界点を探究した「知の考古学者」の全貌に迫る。

2615

中野孝次著
ローマの哲人　セネカの言葉
死や貧しさ、運命などの身近なテーマから「人間となる術」を求め、説いたセネカ。その姿はモンテーニュやアランにもつながる。作家・中野孝次が、晩年に自らの翻訳で読み解いた、現代人のためのセネカ入門。

2616

渡辺公三著（解説・小泉義之）
レヴィ＝ストロース　構造
現代最高峰の人類学者の全貌を明快に解説。ブラジルへの旅、ヤコブソンとの出会いから構造主義誕生を告げる『親族の基本構造』出版、そして『野生の思考』を経て『神話論理』に至る壮大な思想ドラマ！

2627

鷲田清一著
メルロ＝ポンティ　可逆性
独自の哲学を創造し、惜しまれながら早世した稀有の哲学者。その生涯をたどり、『知覚の現象学』をはじめとする全主要著作をやわらかに解きほぐす著者渾身のモノグラフ、決定版として学術文庫に登場！

2630

エドワード・S・リード著／村田純一・染谷昌義・鈴木貴之訳（解説・佐々木正人）
魂《ソウル》から心《マインド》へ　心理学の誕生
心理学を求めたのは科学か、形而上学か、宗教か。「魂」概念に代わる「心」概念の登場、実験心理学の成立、自然化への試みなど、一九世紀の複雑な流れを整理しつつ、心理学史の新しい像を力強く描き出す。

2633

野矢茂樹著（解説・古田徹也）
語りえぬものを語る
相貌論、懐疑論、ウィトゲンシュタインの転回、過去、知覚、自由……さまざまな問題に豊かなアイディアで切り込み、スリリングに展開する「哲学的風景」。著者会心の哲学への誘い。

2637

田中美知太郎著（解説・國分功一郎）
古代哲学史
古代ギリシア哲学の碩学が生前刊行した最後の著作。著者の本領を発揮した凝縮度の高い哲学史、より深く学びたい人のための手引き、そしてヘラクレイトスの決定版となる翻訳——哲学の神髄がここにある。

2640

哲学・思想・心理

伊藤亜紗著

ヴァレリー 芸術と身体の哲学

なぜヴァレリーは引用されるのか。作品という装置について、時間と行為について、身体について語られた旺盛な言葉から、その哲学を丹念に読み込む。著者の美学・身体論の出発点となった、記念碑的力作。

2645

高橋和夫著（解説・大賀睦夫）

スウェーデンボルグ 科学から神秘世界へ

一八世紀ヨーロッパに名を馳せた科学者が、五〇代にして突如、神秘主義思想家に変貌する。その思考の軌跡は何を語るのか。カント、バルザック、鈴木大拙……数多の著名人が心酔した巨人の全貌に迫る！

2650

マルティン・ブーバー著／野口啓祐訳（解説・佐藤貴史）

我と汝

経験と利用に覆われた世界の軛から解放されるには、全身全霊をかけて相対する〈なんじ〉と出会わねばならない。その時、わたしは初めて真の〈われ〉となるのだ——。「対話の思想家」が遺した普遍的名著！

2677

本田　済著

易学 成立と展開

中国の思想、世界観を古来より貫く「易」という原理の成り立ちとエッセンスを平易にあますところなく解説。占いであり、儒教の核心でもある易を知ることは、中国人のものの考え方を理解することである！

2683

大森荘蔵著（解説・野家啓一）

新視覚新論

視覚風景とは、常に四次元の全宇宙世界の風景である——。心、時間、自由から「世界の在り方としての私」を考える、著者渾身の主著。外なる世界と内なる心があるのではない、世界とは心なのだ。

2684

竹田青嗣著

言語的思考へ 脱構築と現象学

ポストモダン思想の限界を乗り越え、現象学が言語の「謎」を解き明かす！「原理」を提示し、認識の「普遍洞察性」に近づいていくという哲学的思考のエッセンスを再興する、著者年来の思索の集大成。

2685

田中塊堂（たなか・かいどう）

1896−1976年。岡山県生まれ。書家。帝塚山学院大学教授。本名は英市。川谷尚亭に師事，書を学ぶ。仮名（かな）の表現範囲を広め，現代仮名書壇の基礎を築いた。古写経の調査・研究分野でも知られる。著書に『日本写経綜鑒』『かな描法』『田中塊堂 現代書道教室』『日本古写経現存目録』，編著に『古写経綜鑒』など。

講談社学術文庫

定価はカバーに表示してあります。

写経入門《しゃきょうにゅうもん》

田中塊堂《たなかかいどう》

2022年８月９日　第１刷発行

発行者　鈴木章一
発行所　株式会社講談社
東京都文京区音羽 2-12-21 〒112-8001
電話　編集（03）5395-3512
販売（03）5395-4415
業務（03）5395-3615
装　幀　蟹江征治
印　刷　株式会社ＫＰＳプロダクツ
製　本　株式会社国宝社
本文データ制作　講談社デジタル製作

ISBN978-4-06-529079-8

「講談社学術文庫」の刊行に当たって

これは、学術をポケットに入れることをモットーとして生まれた文庫である。学術は少年の心を養い、成年の心を満たす。その学術がポケットにはいる形で、万人のものになることは、生涯教育をうたう現代の理想である。

こうした考え方は、学術を巨大な城のように見る世間の常識に反するかもしれない。また、一部の人たちからは、学術の権威をおとすものと非難されるかもしれない。しかし、それはいずれも学術の新しい在り方を解しないものといわざるをえない。

学術は、まず魔術への挑戦から始まった。やがて、いわゆる常識をつぎつぎに改めていった。学術の権威は、幾百年、幾千年にわたる、苦しい戦いの成果である。こうしてきずきあげられた城が、一見して近づきがたいものにうつるのは、そのためである。しかし、学術の権威を、その形の上だけで判断してはならない。その生成のあとをかえりみれば、その根は常に人々の生活の中にあった。学術が大きな力たりうるのはそのためであって、生活をはなれた学術は、どこにもない。

開かれた社会といわれる現代にとって、これはまったく自明である。生活と学術との間に、もし距離があるとすれば、何をおいてもこれを埋めねばならない。もしこの距離が形の上の迷信からきているとすれば、その迷信をうち破らねばならぬ。

学術文庫は、内外の迷信を打破し、学術のために新しい天地をひらく意図をもって生まれた。文庫という小さい形と、学術という壮大な城とが、完全に両立するためには、なおいくらかの時を必要とするであろう。しかし、学術をポケットにした社会が、人間の生活にとってより豊かな社会であることは、たしかである。そうした社会の実現のために、文庫の世界に新しいジャンルを加えることができれば幸いである。

一九七六年六月　　野間省一